LIEUTENANT ANÉ
DU 126ᵉ RÉGIMENT D'INFANTERIE

LES ARMÉES DE PROVINCE

EN 1870-1871

CONFÉRENCE

« Réveille-toi, France opprimée,
« On te croit morte et tu dormais ;
« Un jour voit périr une armée,
« Mais un peuple ne meurt jamais. »

C. DELAVIGNE.

TOULOUSE

IMPRIMERIE ET LIBRAIRIE ÉDOUARD PRIVAT

14, RUE DES ARTS (SQUARE DU MUSÉE)

1904

LES ARMÉES DE PROVINCE

EN 1870-1871

LIEUTENANT ANÉ

DU 126e RÉGIMENT D'INFANTERIE

LES ARMÉES DE PROVINCE

EN 1870-1871

CONFÉRENCE

« Réveille-toi, France opprimée,
« On te croit morte et tu dormais ;
« Un jour voit périr une armée,
« Mais un peuple ne meurt jamais. »

C. DELAVIGNE.

TOULOUSE

IMPRIMERIE ET LIBRAIRIE ÉDOUARD PRIVAT

14, RUE DES ARTS (SQUARE DU MUSÉE)

1904

A MES JEUNES CAMARADES

A TOUS CEUX QUI CROIENT AUX LIENS PUISSANTS

QUI DOIVENT UNIR L'ARMÉE ET LA NATION

Je dédie cette Étude.

Prouver la nécessité des armées permanentes, instruites et disciplinées, en démontrant le danger des milices;

Développer l'esprit militaire en faisant vibrer encore la fibre patriotique;

Présenter l'armée sous son vrai jour,

Tel est le triple but que nous avons poursuivi.

Toulouse, le 1er février 1904.

INTRODUCTION

Messieurs,

L'Histoire nous apprend que si les nations ont des périodes de gloire, elles traversent aussi des crises douloureuses.

Waterloo a voilé l'épopée impériale de même que Sedan a terni Magenta et Solférino !

Généralement, on se complaît aux récits des victoires, mais on tourne bien vite les pages qui racontent nos défaites : c'est que les premières flattent notre amour-propre national, tandis que les autres ravivent de trop cruels souvenirs.

Cependant, nous ne devrions rien ignorer de nos malheurs, car les âmes nobles

se retrempent dans le souvenir de l'adver-
sité. N'est-ce pas après Iéna que les Prussiens ont préparé Sedan?

Puissions-nous, en mettant sous vos yeux
les désastres de l'année terrible, profiter
des rudes leçons du passé : tel est le but que
nous serions heureux d'avoir atteint.

PREMIÈRE PARTIE

Le Gouvernement de la Défense nationale.

Proclamation de la République.

Le 3 septembre 1870, l'Empereur annonçait le désastre de Sedan par la dépêche suivante : « L'armée est défaite et captive ; moi-même je suis « prisonnier. » Le lendemain, le peuple de Paris envahissait l'Hôtel-de-Ville, l'Impératrice s'enfuyait des Tuileries, et, en quelques heures, sans effusion de sang, l'Empire sombrait dans la plus pacifique des révolutions ; la République était proclamée.

Les députés de Paris, sauf Thiers, composaient le nouveau gouvernement dont le général Trochu, gouverneur de la capitale, prit la présidence afin d'y rallier l'armée. Le pouvoir, usurpé il est vrai, était ainsi arraché aux futurs chefs de la Commune, c'est-à-dire à l'anarchie.

On songea tout d'abord à convoquer une Constituante ; mais, en raison des difficultés qui se présentaient, les élections furent ajournées : le premier des devoirs civiques était de courir aux armes.

Les hommes qui, sur les bancs de l'opposition, au Corps législatif, protestaient contre les dépenses exagérées du budget de la guerre, avaient pour mission, contraste curieux, d'enrégimenter la nation et d'engager une lutte à outrance.

Entrevue de Ferrières.

Jules Favre, ministre des Affaires étrangères, crut que l'Allemagne, satisfaite d'avoir terrassé l'Empereur qui lui avait déclaré la guerre, se contenterait de cette gloire. Le 15 septembre, il entama des négociations en vue de la paix et eut, le lendemain, avec Bismarck, une entrevue à Ferrières :

« La France, disait-il, payerait une indemnité « de guerre, mais refuserait tout démembrement « du territoire. » Bismarck répondit que l'Allemagne devait garantir sa sécurité, et qu'elle ne le pouvait qu'en occupant Strasbourg, qui était, en quelque sorte, la clef de la maison.

Pour prix d'un armistice qui permettrait la convocation d'une assemblée régulière, il exigeait la reddition de Toul, de Bitche, de Strasbourg et du mont Valérien. La trêve ne s'étendrait pas à Metz ; les pays allemands n'enverraient pas de députés. C'était demander déjà l'Alsace-Lorraine !...

Jules Favre manqua de fermeté ; il eut un instant de faiblesse et pleura devant un inexorable adversaire qui se moqua de sa sensibilité. Bismarck raconte, en effet, dans ses mémoires, que notre ministre, pâle, « maquillé », avait versé quelques larmes devant lui : « Cet avocassier croyait ainsi « m'attendrir comme s'il s'agissait d'apitoyer le « bon jury parisien ! »

Ces conditions si dures furent repoussées par le Gouvernement qui ne pouvait les accepter sans se déshonorer.

En même temps, Thiers, ambassadeur officieux, parcourait l'Europe, cherchant en vain, de Londres à Saint-Pétersbourg, de Vienne à Florence « à ré- « chauffer des sympathies glacées par le malheur ». On ne pouvait compter sur aucun secours efficace !

L'entrevue de Ferrières eut l'avantage de dissiper les doutes : quiconque avait une goutte de sang français se rallia, sans distinction de partis, au Gouvernement qui continuait la lutte pour sauver l'honneur et maintenir l'intégrité de la Patrie.

La Délégation de Tours.

Le blocus de la capitale paraissant imminent, trois membres du Gouvernement, Crémieux, Glais-Bizoin et l'amiral Fourichon, furent envoyés à Tours, avec une délégation de chaque ministère, pour organiser la défense en province et assurer les relations avec les puissances étrangères. Les ministres de la Guerre, de l'Intérieur et des Finances, dont la présence à Tours eût été indispensable, restèrent à Paris.

La Délégation qui allait gouverner la France, du 19 septembre 1870 au 28 janvier 1871, n'avait aucune armée régulière à opposer au flot toujours plus envahissant de l'ennemi : l'armée de Mac-Mahon était prisonnière ; celle de Bazaine était cernée dans Metz ; Paris, bloqué le 19 septembre, ne devait plus s'ouvrir.

Elle ne possédait à cet instant d'autres troupes qu'une division incomplète venant d'Algérie, que le général de la Motterouge, du cadre de réserve, reformait à Bourges ; quelques bataillons que Cambriels, blessé à Sedan, réunissait dans l'Est, et des mobiles bretons que Fiereck assemblait dans l'Ouest. Elle demeurait impuissante.

L'amiral Fourichon rendit le portefeuille de la guerre le 28 septembre, lorsque Crémieux et Glais-

Bizoin, après avoir nommé des commissaires munis de pleins pouvoirs, mirent les généraux commandant les divisions territoriales sous la dépendance de ces fonctionnaires civils.

Organisation du 15e corps d'armée.

Cependant, le général Lefort, chef de la délégation du Ministère de la Guerre, avait constitué le 15e corps d'armée, dans les derniers jours de septembre, avec une promptitude qui surprit jusqu'aux Allemands eux-mêmes. Ce corps d'armée comprenait, sous les ordres du général de la Motterouge, 3 divisions d'infanterie, 1 division de cavalerie et 128 bouches à feu.

La cavalerie Réyau, lancée sans nécessité sur la rive droite de la Loire, attira l'attention des Allemands. « Leurs reconnaissances essuyaient fré-
« quemment des coups de fusil, et les rapports
« relatifs à ces diverses rencontres, à l'ouest et au
« sud des lignes d'investissement de Paris, ne per-
« mettaient plus au Grand Quartier général de
« Versailles de douter du puissant essor imprimé
« aux armements dans le centre et l'ouest de la
« France[1]. »

Le maréchal de Moltke détacha du blocus de la

1. Niox.

capitale une fraction d'armée composée du Ier corps bavarois, de la 22e division prussienne, des 2e et 4e divisions de cavalerie, sous les ordres du général Von der Thann qui avait pour mission de dissiper les rassemblements de troupes signalés vers la Loire et d'occuper Orléans.

Préliminaires.

Le 15e corps fut envoyé sur la rive droite de la Loire, vers Toury, pour protéger Orléans. Mais, que pouvaient nos soldats sans instruction militaire, indisciplinés, mal armés, mal équipés, portant pour la plupart les cartouches dans leurs poches, contre les troupes aguerries du général Von der Thann?

« Quand on compare l'état misérable de nos « soldats, mal nourris, mal vêtus, bivouaquant « par la neige et la pluie, à celui de leurs adver- « saires, abrités dans les maisons et toujours « pourvus du nécessaire, on ne peut se défendre « d'un sentiment pénible[1]. »

Le 10 octobre, l'avant-garde de la Motterouge essaya d'arrêter les Bavarois qui marchaient en trois colonnes parallèles, les ailes en avant. Notre artillerie répondit vigoureusement à celle de l'en-

---

1. Rousset.

nemi, mais notre cavalerie, conduite par Reyau, ne fit que se montrer de loin et disparut du champ de bataille. Les escadrons prussiens et bavarois attaquèrent sur ses deux flancs l'infanterie française, déployée trop tôt, et la mirent en déroute. Le lendemain, les Allemands nous battaient encore à Cercottes et à Chevilly, et, le 12, ils entraient à Orléans. Les prisonniers, au nombre de mille environ, saluèrent Von der Thann avec joie : « Ces couards, disait le général, sont heureux de « n'être plus dans le pétrin. » Ceci nous renseigne sur la valeur de cette armée improvisée.

De la Motterouge fut destitué. Les troupes débandées du 15e corps ne se rallièrent qu'à La Ferté-Saint-Aubin.

Défense de Châteaudun.

Le général de Wittich, laissant Von der Thann à Orléans, se dirigea sur Chartres avec la 22e division prussienne et la 4e division de cavalerie, pour y rallier le grand-duc de Mecklembourg, qui couvrait, de ce côté, le blocus de Paris.

La petite cité de Châteaudun, défendue par les francs-tireurs du commandant Lipowski et 435 hommes de la garde nationale, lui tint tête pendant plusieurs heures. La résistance fut héroïque : quand les défenseurs furent obligés de se retirer dans la ville, un terrible combat s'engagea dans les rues et dura jusqu'à dix heures du soir. Après avoir poussé la défense jusqu'à son extrême limite, nos troupes purent se retirer sans être poursuivies. Nos ennemis s'acharnèrent avec une impitoyable fureur sur cette malheureuse cité. Ils ne laissèrent pas une seule maison debout; ces barbares brûlèrent tout; rien ne fut respecté. Des atrocités furent commises : 193 maisons, notamment, furent incendiées à la main avec le pétrole.

Pendant cette guerre, les Allemands ne voulurent reconnaître le caractère de belligérant ni à nos francs-tireurs, ni à nos gardes nationaux défendant isolément des villes ouvertes, et brûlèrent impitoyablement tout village où ils s'étaient laissés surprendre.

Le Gouvernement de la Défense nationale déclara que Châteaudun avait bien mérité de la Patrie. Cette cité a été récemment autorisée à mettre la croix de la Légion d'honneur dans ses armoiries.

Gambetta.

Un homme vint à ce moment animer la défense en province et lui imprimer un vigoureux élan. Gambetta surgit, sinon pour le salut, du moins pour l'immortel honneur de la France !

Le 8 octobre, le jeune ministre de l'Intérieur quitte Paris en ballon et descend à Epineuse, près de Montdidier. Le 9, il arrive à Tours.

Le Gouvernement lui avait donné voix prépondérante, et, en partant, Gambetta avait promis à ses collègues d'apaiser tous les dissentiments et de revenir avec une armée pour délivrer Paris. Débloquer la capitale, tel sera, en effet, le but unique des armées de province.

Gambetta, on peut le dire, a été l'âme de la résistance nationale. Aussi, a-t-il eu ses détracteurs violents et ses admirateurs passionnés. Les Allemands lui ont les premiers rendu justice; la défense nationale tient pour eux dans ces mots : « *Gambetta et ses armées.* »

Gambetta utilisa les ressources de la nation et fit tout pour la sauver. Grâce à lui, la France, vaincue et défaillante, gardait la tête haute et tenait d'une main encore ferme son épée brisée. « Jamais, écrivait-il le 5 décembre, le désespoir ne « s'est approché de mon âme. » Sa voix éloquente exprimait en superbes accents ce généreux désir de résistance et de sacrifice qui s'exhalait alors de bien des cœurs !

Il fallait pourvoir à tout, et le jeune ministre, qui dut prendre en main, à son arrivée à Tours, le ministère de la Guerre, fit face à des besoins si pressants et si multipliés avec une activité fiévreuse.

En un mois, la Première Armée de la Loire, forcée de reculer devant les Bavarois à Orléans, était parfaitement organisée et prête à rentrer en ligne. Grâce à une volonté de fer, servie par cette omnipotence presque sans limites qu'il conserva jusqu'à la fin de la guerre, l'infatigable ministre parvint à mettre en campagne contre les Allemands une masse de 600,000 hommes, avec 1,400 bouches à feu. Résistance hardie, violente, désespérée et pourtant impuissante!... L'Empire avait laissé la France sans ressources, à la merci de l'ennemi ; pour résister, il fallait tout constituer, tout créer, tout improviser.

« C'est la part de Gambetta dans cet effort
« gigantesque, dans cette organisation sans exem-
« ple qui fera sa gloire. On oubliera les fautes
« commises pour ne se souvenir que des grands
« traits de cette défense improvisée, sous le feu de
« l'ennemi, au milieu de populations incertaines et
« abattues par les premiers revers. Son ardent
« patriotisme efface ses erreurs[1]. »

« De quelles consolations morales la patrie
« n'est-elle pas redevable à ceux qui, prenant en
« main son épée brisée, surent la retremper pour
« ainsi dire et la rendre redoutable encore à
« l'étranger ! Si la France vaincue a le droit de

---

1. Chuquet.

« relever encore le front et de garder sa fierté,
« elle le doit aux hommes qui, lorsque tout était
« perdu, crurent fermement et firent croire un
« moment à la France et au monde que tout pou-
« vait encore être sauvé[1]. »

M. de Freycinet.

Dès l'arrivée de Gambetta à Tours, le général
Lefort, délégué à la guerre, qui avait déjà organisé en grande partie les 15e et 16e corps d'armée,
fut remplacé par M. de Freycinet, ingénieur des
mines, ancien chef de l'exploitation des chemins de
fer du Midi.

Le général Borel, chef d'état-major du général
d'Aurelle de Paladines, a dit devant la Commission
d'enquête parlementaire sur les actes du Gouvernement de la Défense nationale : « M. de Freycinet,
« sous le titre modeste de délégué à la guerre, a
« rendu d'immenses services dont on ne lui est pas
« reconnaissant parce qu'il n'a pas réussi. »

Il y avait dans la lourde tâche que Gambetta et
M. de Freycinet acceptaient de se partager deux
parties bien distinctes : d'une part, l'organisation,
l'improvisation des armées, la fabrication du matériel ; de l'autre, la direction des opérations mili-

1. Claretie, *Guerre de 1870.*

taires. Si la première a été remplie d'une façon réellement remarquable, inespérée, on peut le dire en raison des résultats prodigieux obtenus, il n'en a pas été de même de la seconde.

M. de Freycinet voulut diriger lui-même les opérations de son cabinet; il donna des ordres directement aux 18e et 20e corps sans prévenir, au préalable, le général d'Aurelle.

« Il ne comprit pas suffisamment qu'une jeune « armée inexercée ne peut ni manœuvrer rapide- « ment, ni braver les intempéries, ni vaincre de « vieux bataillons disciplinés et instruits[1]. »

« Ce fut aussi une faute de subordonner l'auto- « rité militaire au pouvoir civil pour la défense du « pays[2]. »

L'œuvre de la Délégation.

Toutefois, ne perdons pas de vue, pour juger équitablement cette période extraordinaire, que la Délégation avait entrepris une tâche écrasante, tellement au-dessus des forces humaines que la tenter, semblait une folie. L'histoire apprendra aux générations futures que la Défense nationale parvint à mettre sur pied une armée qui tint pen-

1. Chuquet.
2. Rousset.

dant plusieurs mois les Allemands en échec, alors que ceux-ci considéraient la guerre comme terminée après Sedan.

Bourbaki résumait bien la situation lorsqu'il écrivait au ministre de la Guerre : « Matériel, munitions, cadres, instruction, tout nous manque; nous n'avons que du patriotisme[1]. »

C'est précisément ce patriotisme qui nous permit de faire face aux exigences de la situation.

Douze corps d'armée furent créés. On se procura 1,400 canons et 1,500,000 fusils; mais l'artillerie des Allemands gardait l'avantage du nombre. La portée moyenne de ses pièces était toujours plus considérable que celle des pièces françaises; son personnel était plus instruit, mieux exercé que le nôtre.

Lé général de Loverdo, directeur de l'infanterie et de la cavalerie, et le général Thoumas, directeur de l'artillerie, prirent une part brillante à cette organisation : le premier, en envoyant tous les jours 5,000 hommes équipés aux armées; le second, en fournissant deux batteries par jour prêtes à entrer en ligne. Le lieutenant-colonel de Reffye, qui dirigeait les ateliers de Nantes, mérite aussi une mention toute spéciale.

Des armes, des munitions, des subsistances en

1. Section historique de l'état-major.

quantité considérable furent achetées à l'étranger. La France avait conservé assez de crédit pour qu'un emprunt pût être facilement couvert et, chose curieuse pour une époque si agitée, à aucun moment les payements ne furent suspendus.

« Une nation comme la nôtre se relève toujours « de ses ruines matérielles, elle ne se relève « jamais de ses ruines morales. Notre génération « souffrira peut-être plus de cette ruine, mais nos « enfants bénéficieront de l'honneur que nous « aurons sauvé [1]. »

« On avait des hommes, de l'argent et des « armes, mais il n'était pas possible de donner « aux masses ainsi réunies la solidité qui ne s'ac- « quiert que par l'éducation militaire. Le patrio- « tisme et le bon vouloir ne peuvent suppléer au « manque d'instruction des soldats et à l'inexpé- « rience des chefs. Un uniforme et un fusil ne suf- « fisent pas pour faire un soldat, pas plus que les « galons ne suffisent pour faire un officier [2]. »

Gambetta fit appel à tous et réunit, dans une ardente communion d'amour pour la France, les hommes de toutes les opinions et de toutes les croyances. Non loin de Garibaldi le révolution- naire, les héritiers des grands noms de Stofflet,

1. Général Ducrot.
2. Niox.

de Charette, de Cathelineau, marchaient sous le drapeau tricolore! Il y eut là un élan sublime, un mouvement national admirable...

On nomma des officiers de tous grades, et il n'est pas étonnant que certains choix aient été malheureux, car on ignorait les antécédents de ceux que l'on employait. Certains généraux, tirés en partie du cadre de réserve, étaient trop vieux; d'autres, nommés au titre auxiliaire, trop jeunes, étaient inexpérimentés.

Le génie, l'état-major, l'intendance, le service de la topographie, le service de la télégraphie, le bureau de reconnaissance, le service médical, tout fut merveilleusement organisé. L'intendance surtout doit être particulièrement citée, car elle eut à pourvoir des armées battues et fugitives dont elle ne savait même plus parfois la direction. Aussi, M. de Freycinet nous dit-il, avec raison, dans son livre, *la Guerre en province*, qu'il a fallu non seulement produire, mais créer l'instrument même de la production.

Gambetta se flattait d'avoir créé un appareil formidable; mais ces troupes manquaient de cohésion et d'haleine, puisque, après une certaine période de combats, elles éprouvaient toujours le besoin de se reformer et de se reconstituer.

Les corps d'armée se composaient de trois divisions d'infanterie à deux brigades, d'une division

de cavalerie, d'une réserve d'artillerie et des différents services spéciaux. Ils comprenaient· de vieux
régiments, des régiments de marche, des régiments de gardes mobiles et des bataillons de gardes nationales mobilisées. Enfin, des groupes de
francs-tireurs inspirèrent quelques inquiétudes aux
envahisseurs par leurs brusques attaques et leur
guerre de partisans.

Le Gouvernement réalisa de véritables prodiges
auxquels il est juste de rendre hommage. La
seconde campagne fut plus pénible que la première
pour les Allemands. La France retrouvait le sentiment de sa force : l'honneur national était sauve-
gardé.

« Gambetta restera l'auteur d'une page conso-
« lante et glorieuse de notre histoire, et son nom,
« inséparable de la courageuse résistance qui a
« sauvé l'honneur du pays, vivra dans un éternel
« souvenir comme la personnification même de la
« vitalité du peuple français[1]. »

Lettres du maréchal de Moltke.

Il nous a paru intéressant de connaître l'opinion
du maréchal de Moltke sur les armées improvisées

1. Rousset.

de la Défense nationale. Ce renseignement nous est donné par les lettres qu'il adressait à son frère :

Ferrières, 21 septembre 1870.

La France, qui est plus forte que jamais, a le verbe haut malgré la situation où elle se trouve actuellement. Elle n'a plus d'armée capable de tenir la campagne, mais elle a encore M. Rochefort, professeur de barricades, et la poitrine des patriotes invincibles. Malgré tout, la République elle-même, dans la personne de M. Jules Favre, a fait son apparition, hier, dans le quartier général ennemi.

A partir d'aujourd'hui, Paris ne sera plus éclairé au gaz et on ne débitera de l'eau qu'à certaines heures de la journée. Toutes les voies ferrées sont coupées. Le Bois de Boulogne est rempli de bêtes de boucherie, et, de nos positions de Meudon et de Saint-Cloud, nous pouvons ouvrir le feu d'un moment à l'autre sur le bois. Le beau monde et le demi-monde ne viennent plus s'y promener, et aujourd'hui, les Parisiens n'ont plus de lait à mettre dans leur café.

Combien de temps vont-ils endurer cela? Il faudra voir.

12 octobre 1870.

Il n'y a aucune chance de voir s'établir en France un pouvoir avec lequel on puisse entamer des négociations sérieuses. C'est une conduite indigne de tromper la nation par de continuels mensonges sur la situation du pays. Si Paris continue à résister jusqu'à épuisement total des vivres, il pourra fort bien se produire une situation dont l'horreur vous fait frémir d'avance.

27 octobre 1870.

Toutes les forces, marchant de la province sur Paris, ont été battues ou dispersées ; mais, par des rapports mensongers et des phrases patriotiques, le Gouvernement obtient des malheureuses populations de la province qu'elles continuent à résister, et cette résistance, il nous la faut briser en détruisant des villes entières. Les francs-tireurs nous harcèlent et il faut leur riposter par de sanglantes représailles ; la guerre revêt chaque jour un caractère plus odieux. C'est déjà bien malheureux que les armées doivent s'entre-déchirer ; qu'on n'aille pas lâcher les peuples les uns contre les autres. Ce n'est plus le progrès, c'est un retour à la barbarie. Le soulèvement en masse d'une nation, fût-elle aussi brave que l'est celle-ci, est impuissant vis-à-vis d'une armée petite mais bien instruite. Nos libéraux devraient bien s'en convaincre en voyant quel succès obtient dans cette campagne la milice populaire dont ils nous parlent sans cesse.

Tant qu'un gouvernement réel, reconnu par la nation, n'existera pas en France, nous n'aurons d'autre chose à faire que de porter les horreurs de la guerre dans des zones de plus en plus étendues.

13 novembre 1870.

Maintenant que toute l'armée française a été conduite captive en Allemagne, nous avons en face de nous plus d'hommes en armes qu'au commencement de la guerre.

Cette manière de faire la guerre est une cruauté pour le pays qui mettra bien du temps à se relever.

En se plaçant à un point de vue général purement humanitaire, on pourrait désirer que les événements dont nous sommes témoins fournissent la preuve que la résolution ferme de tout un peuple rend impossible de le subjuguer, et qu'un peuple armé comme nos libéraux voudraient le voir suffit à protéger un pays.

Le point de vue patriotique est tout autre, et nous comptons prouver que le relèvement de toute une nation disposant de ressources inépuisables et animée d'un patriotisme aussi ardent que celui des Français se trouve être impuissant vis-à-vis d'une armée bien entraînée.

Mais ce qu'on devrait considérer avant tout, c'est qu'il s'en faut de beaucoup qu'une masse d'hommes portant des fusils soit une armée, et c'est une barbarie que de les mener à la bataille.

Répartition des armées de province.

Les forces improvisées de la Défense nationale furent ainsi réparties :

L'armée de la Loire, sous les ordres du général d'Aurelle de Paladines ;

L'armée du Nord, sous les ordres du général Faidherbe ;

L'armée des Vosges, sous les ordres du général Cambriels.

Plus tard, l'armée des Vosges fut réunie à l'armée de la Loire, mais les corps de partisans de Garibaldi conservèrent ce nom.

Après la reprise d'Orléans par les Prussiens, le 5 décembre, l'armée de la Loire se fractionna en deux groupes : le premier, sous le nom de deuxième armée de la Loire, fut commandé par le général Chanzy ; le second, sous le nom d'armée de l'Est, fut placée sous les ordres du général Bourbaki.

Pour mettre plus de clarté dans ce récit, nous étudierons successivement les opérations de chaque armée sans perdre de vue que leur but commun est de débloquer Paris. Mais, en raison du temps très limité dont nous disposons, les batailles généralement connues ne seront exposées que brièvement ; nous nous réservons de mettre en relief certains épisodes saillants et de donner un plus grand développement aux considérations stratégiques et tactiques.

DEUXIÈME PARTIE
Opérations militaires.

TITRE PREMIER.

PREMIÈRE ARMÉE DE LA LOIRE.

Stratégie et tactique[1].

Avant d'aborder l'étude de cette campagne, il nous paraît indispensable de dire quelques mots de la stratégie et de la tactique employées jusque-là.

Stratégie. — L'état-major allemand dirige les opérations stratégiques d'une manière vigoureuse et sûre. Rien n'est laissé au hasard. Le plan d'ensemble, tracé depuis longtemps par le général de Moltke, devait être suivi avec une précision presque mathématique. Les troupes, préparées par les manœuvres d'automne, marchent lestement, secrè-

---

1. D'après Prampain.

tement, débarrassées des gros bagages, couvertes par un épais rideau de cavalerie, dissimulées par le cantonnement. Elles arrivent à heure fixe sur les positions indiquées.

Chez nous, pas de plan arrêté : les ordres varient, les armées s'épuisent en contremarches; bivouaquant en plein air, elles souffrent et se laissent voir; mal éclairées, elles se laissent surprendre; mal conduites, elles s'égarent.

Tactique. — Sur les champs de bataille, l'artillerie ennemie, toujours en tête des colonnes, prépare l'action et obtient la supériorité, tandis que la nôtre reste trop longtemps en arrière. Les premières lignes allemandes attaquent, déployées en tirailleurs; les secondes lignes et les réserves font des mouvements tournants et exécutent des manœuvres enveloppantes; nous préférons, d'ordinaire, la défensive et le combat de pied ferme. La cavalerie allemande explore, renseigne, combat et poursuit; la nôtre ne sait que fournir des charges désespérées...

Les 15e et 16e corps.

Le général d'Aurelle de Paladines, du cadre de réserve, avait remplacé le général de la Motterouge au commandement du 15e corps. Il avait beaucoup d'hommes, il fallait essayer d'en faire des

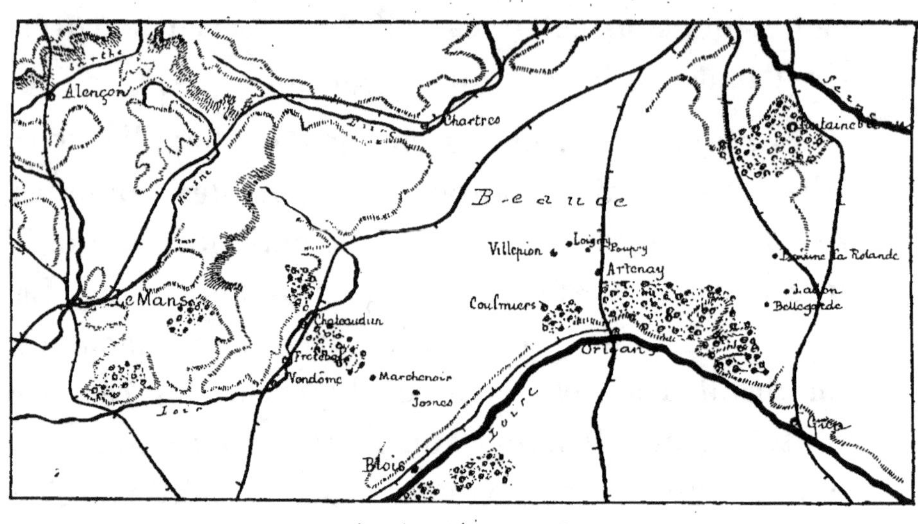

PREMIÈRE ARMÉE DE LA LOIRE.

soldats. Grâce à ses qualités militaires et à une discipline sévère (les cours martiales procédèrent à une vingtaine d'exécutions), il réorganisa ce corps d'armée à Salbris, position très favorable, et sut lui donner quelque cohésion. Il réussit à discipliner ces bandes qui s'enivraient, chantaient des refrains obscènes et méconnaissaient l'autorité de leurs officiers. Le 15ᵉ corps comptait 60,000 hommes et était muni d'une bonne artillerie; le 16ᵉ, commandé par le général Pourcet et organisé à Blois, occupait la ligne Marchenoir-Mer, couvrant ainsi Blois et Vendôme.

Plan de campagne.

La Délégation de Tours pensant que les Allemands menaçaient le siège du Gouvernement, un conseil de guerre décida, le 24 octobre, que les 15ᵉ et 16ᵉ corps prendraient l'offensive pour occuper Orléans, ville considérée comme un point stratégique de la plus haute importance. La jonction devait se faire à Blois, où le 15ᵉ corps serait transporté en chemin de fer, et c'est de ce point que devait partir l'attaque principale. La 1ʳᵉ division de ce corps, sous les ordres de Martin des Pallières, était chargée de prendre les Bavarois à revers, en attaquant Orléans par l'est. Enfin, une démonstration devait être faite au sud.

Ce plan aurait pu réussir s'il eût été tenu secret et exécuté avec célérité. Mais, le service des chemins de fer, nullement préparé à ces sortes de transports, provoqua un retard considérable. La cavalerie ne put débarquer ses chevaux faute de ponts volants; les corps furent séparés de leurs bagages; les munitions des divers calibres furent mélangées; on perdit beaucoup de temps pour réparer ce désordre. L'artillerie eût mis trois jours pour faire le trajet à pied; elle en employa cinq.

Le 30 octobre, l'armée française était rassemblée sur deux lignes : la première, de Beaugency, sur la Loire, à la forêt de Machenoir, avec avant-postes; la seconde, entre Mer et Oncques, par Maves et Pontijoux. La division Martin des Pallières occupait Argent, tandis que la division Morandy, du 16e corps, et les volontaires de Cathelineau devaient faire des démonstrations vers la Ferté-Saint-Aubin et Olivet.

Le général d'Aurelle, comptant peu sur un succès, demanda d'ajourner l'opération; aussi le Gouvernement suspendit-il le mouvement.

Capitulation de Metz.

C'est sur ces entrefaites que l'on apprit la capitulation de Metz. Elle devait avoir les plus graves conséquences pour l'armée de la Loire, car la

IIe armée de Frédéric-Charles, devenue libre, allait s'avancer à grands pas.

Offensive française.

Pour obtenir un résultat avant son arrivée, le Gouvernement décida de précipiter l'offensive et de reprendre le mouvement sur Orléans.

Le 7 novembre, eut lieu le combat de Vallière, entre la brigade Bourdillon du 16e corps et une reconnaissance offensive du comte de Stolberg. Ce combat, glorieux pour nous, donna confiance à nos jeunes troupes, mais fixa Von der Thann sur nos projets, lesquels lui furent confirmés par l'officier d'état-major prussien qui avait accompagné Thiers de Paris à Tours par Orléans. Des espions lui avaient signalé, en outre, la présence de Martin des Pallières à Argent, vers le sud-est. Le général bavarois avait pris à Orléans une position d'attente : vers l'ouest, ses avant-postes, fortement organisés, le couvraient jusqu'au delà du bois de Monpipeau, à 18 kilomètres environ. Leur vue s'étendait au loin vers la plaine de Coulmiers. Des détachements importants le couvraient au nord et à l'est, tandis que vers le sud ses antennes atteignaient la rive gauche du Loiret. Une deuxième ligne de résistance était chargée de la défense rapprochée de la ville.

Dès qu'il se fut rendu compte de l'enveloppement dont il était menacé, il trouva critique sa position et quitta Orléans dans la nuit du 8 novembre pour aller occuper, vers l'ouest, les villages importants de Saint-Sigismond, de Coulmiers, d'Epieds, de Baccon, de la Renardière et le château de Préfort, positions qu'une brigade d'avant-postes avait eu le temps d'organiser défensivement depuis un mois. Il augmentait ainsi le trajet de des Pallières et diminuait d'autant celui de d'Aurelle, de telle sorte que la bataille prévue par les Français pour le 11 eut lieu le 9 et que l'aile droite ne put y prendre part.

« Quelque intérêt qu'il eût à se maintenir à « Orléans, il ne lui était pas possible d'accepter la « bataille dans la zone boisée qui entoure la « ville : elle eût été trop préjudiciable à l'effet de « son artillerie et de sa cavalerie, relativement « nombreuses, et il aurait pu y être totalement « cerné[1]. »

Vers Coulmiers, au contraire, le terrain était découvert ; le général Von der Thann, en se rapprochant de la 22ᵉ division, établie à Chartres, qu'il avait invitée à se porter à son secours, avait eu l'habileté et la chance de se tirer d'une situation critique.

1. De Moltke.

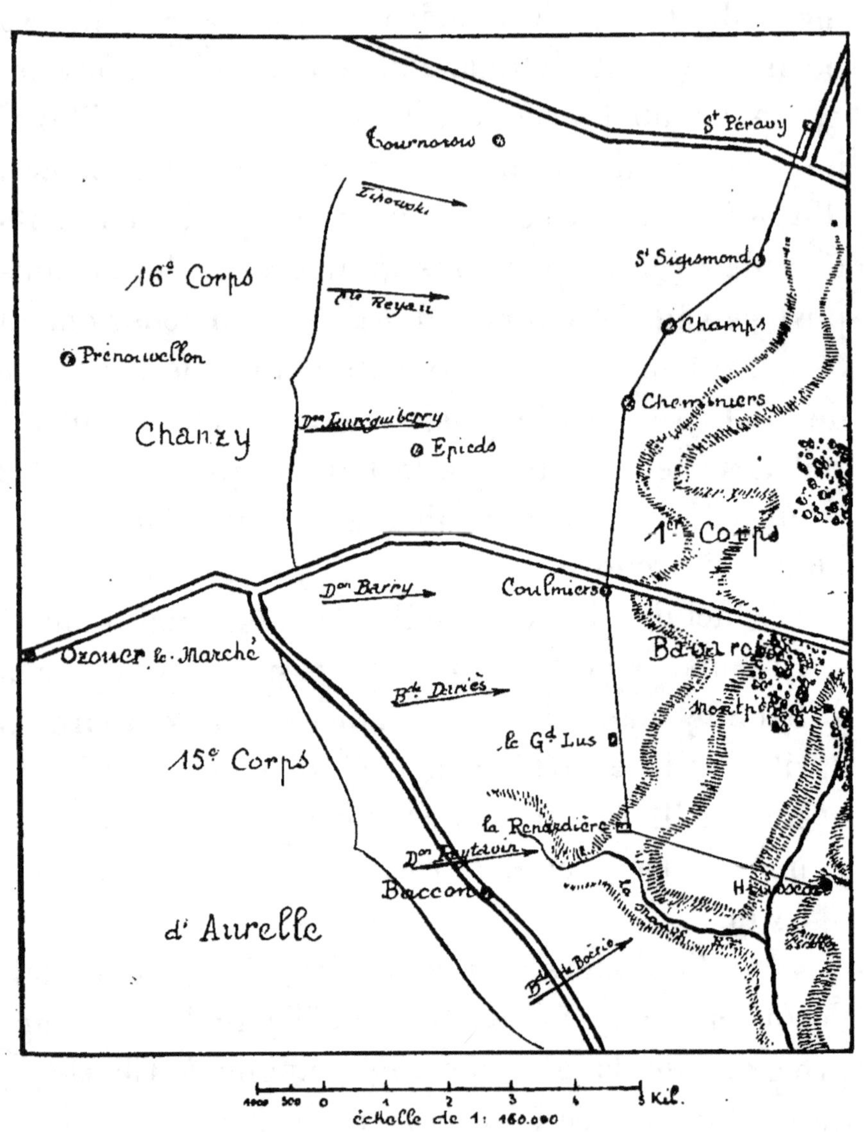

COULMIERS (9 novembre 1870).

L'armée française s'étendait, le 8 novembre, entre Messas et Ouzouer-le-Marché, par Cravant et le château de Coudray : le 15e corps à droite, le 16e au centre, la cavalerie à gauche. Le général d'Aurelle ne voulait livrer bataille que le 11; mais, prévenu de la marche des colonnes ennemies, il donna ses ordres pour la journée du lendemain : Le 15e corps fera une simple démonstration sur la ligne de la Mauve, puis attaquera et occupera Baccon, La Renardière et Grand-Luz. Le 16e enlèvera Epieds, Coulmiers, Chemisiers, tandis que sa gauche se portera, vers Champs et Saint-Sigismond, sur le flanc droit de l'ennemi. (Le général Chanzy avait remplacé Pourcet depuis le 2 novembre.) La cavalerie Reyau sera chargée d'appuyer le mouvement à gauche, de tourner l'aile droite ennemie et de lui couper la retraite sur la route de Paris. Enfin, le commandant Lipowski, avec ses francs-tireurs, appuiera le mouvement de la cavalerie.

Bataille de Coulmiers.

C'est dans ces conditions que s'engagea, le 9 novembre, vers neuf heures et demie du matin, la bataille de Coulmiers. Le général d'Aurelle avait d'autant plus de chances de réussir que Von der Thann, supposant à tort que les Français tourneraient sa gauche pour marcher sur Orléans, s'était surtout gardé de ce côté.

A droite, la division Peytavin, du 15ᵉ corps, avait rempli sa mission à midi et ne continuait pas l'offensive.

Au centre, la division Barry rencontra une résistance énergique devant Coulmiers où l'ennemi s'était fortement retranché. Un premier assaut ayant échoué, l'artillerie de réserve, placée à Grand-Luz, canonna Coulmiers et prépara une nouvelle attaque pendant que la division Peytavin et la brigade d'Ariès, marchant sur le bois de Monpipeau, débordaient l'aile gauche. Et, comme avaient fait leurs devanciers dans les premières guerres de la Révolution, les généraux français se mirent à la tête des troupes et les entraînèrent. Barry, qui marchait à pied en avant de la principale colonne, enleva Coulmiers au cri de : Vive la France! (Notre règlement provisoire de 1902 s'est inspiré de ce grand principe du : Suivez-moi.) A quatre heures, les Bavarois abandonnaient le village.

A gauche, la lutte continuait, acharnée. Nos ennemis, après avoir perdu et repris Champs et Saint-Sigismond, n'en furent définitivement délogés qu'à cinq heures du soir par la division Jauréguiberry du 16ᵉ corps.

La cavalerie Reyau avait commencé le matin

son mouvement sur Saint-Péravy, mais s'était attardée inutilement à un combat d'artillerie près de Saint-Sigismond; puis, prenant les francs-tireurs de Lipowski, parvenus à Nids, pour des Prussiens, elle avait rétrogradé.

Vers trois heures et demie, Von der Thann, se croyant compromis, avait donné l'ordre de battre en retraite en commençant le mouvement par la gauche. Les brigades allemandes rompirent le combat successivement, d'une façon remarquable. A la tombée de la nuit, elles étaient en pleine retraite vers le nord.

Le général d'Aurelle, trompé par sa cavalerie, croyait son flanc gauche menacé et s'attendait, le lendemain, à une attaque combinée de front et de flanc. Il était loin de se préoccuper de la poursuite. Ses troupes bivouaquèrent dans de très mauvaises conditions, en raison de la température rigoureuse, sur les positions conquises.

22,000 Bavarois avaient lutté contre 60,000 Français, mais leur infériorité numérique était compensée par leur valeur militaire et la force de leurs positions. Ils avaient 800 hommes tués ou blessés; nous en avions le double : conséquence inévitable d'une lutte à découvert contre des troupes abritées. 2,000 Allemands furent faits prisonniers.

La bataille de Coulmiers était notre première

victoire. L'armée de la Loire, à peine organisée, avait fait preuve d'un entrain et d'une vigueur dignes des beaux jours. C'était le premier rayon de soleil depuis la sombre journée de Wissembourg! Nos jeunes troupes s'était conduites admirablement. Elles avaient d'autant plus de mérite, qu'elles s'étaient avancées, sans faiblir, en terrain découvert, sous un feu très violent, et avaient enlevé des positions retranchées énergiquement défendues.

Cette victoire, la seule véritablement franche qu'ait eu la France durant la guerre, parut ramener la fortune. L'armée de la Loire avait reçu glorieusement le baptême du feu; on crut de toutes parts qu'elle allait être le principal instrument de la revanche nationale. L'opinion publique en exagéra l'importance et l'espérance revint dans tous les cœurs.

Gambetta lança une magnifique proclamation qui trouva de l'écho dans tous les rangs de l'armée : « La France en deuil vous doit sa première « consolation, son premier rayon d'espérance... « Sous la main de chefs vigilants, fidèles, dignes « de vous, vous avez retrouvé la discipline et la « force! »

Fautes commises.

Cependant la victoire était loin d'être complète en raison des fautes commises :

1º Les Bavarois auraient été anéantis, si les dix régiments de cavalerie du général Reyau avaient rempli leur mission, c'est-à-dire coupé la retraite à Von der Thann.

Le 10 au matin, le commandant de Lambilly, chef d'état-major du général Jauréguiberry, enleva, près de Saint-Péravy, à Lignerolles, avec le peloton d'escorte, une colonne de munitions bavaroise comprenant deux canons, 5 officiers, 83 hommes et 110 chevaux. On trouva, dans les caissons enlevés aux Bavarois ce jour-là, des glaces, des pendules, des châles, des dentelles et d'autres objets précieux. Les prisonniers avaient des bijoux de femme.

Cet épisode montre ce qu'il eût été possible de faire la veille si le mouvement prescrit à la division Reyau avait été exécuté.

A droite, la brigade de cavalerie de Boërio ne tenta aucune attaque et ne chercha même pas à jeter le désordre dans les batteries allemandes qui avaient commencé leur retraite. Elle fit double emploi avec l'infanterie de la brigade Rebillard.

2º Nos forces avaient été séparées en deux parties, et, comme cela arrive presque toujours, cette manœuvre combinée à si grande distance n'avait pas réussi. La division Martin des Pallières, qui aurait pu remplir avantageusement la mission confiée à la cavalerie Reyau, fut perdue pour la bataille. Elle eût certainement couru un danger sérieux si le général Von der Thann avait été victorieux, car il n'eût pas manqué de se rejeter sur elle et de la battre à son tour.

Remarques sur la bataille.

Quelques remarques sur cette bataille méritent de fixer un instant notre attention.

L'artillerie française fut employée en entier dès le début. Pour la première fois, elle agit par grandes masses et prépara longuement l'action de l'infanterie en canonnant les retranchements et en appuyant ses généreux efforts.

Il nous a paru utile de signaler les changements tactiques apportés par le général Chanzy aux formations de combat du 16e corps. Ses divisions s'avançaient en lignes de bataillons en colonnes doubles à intervalle de déploiement. Chaque ligne d'infanterie était précédée de deux lignes de tirailleurs, la première à 1,200 mètres, la seconde à 600 mètres, leurs réserves à hauteur des intervalles séparant les bataillons. Quelques cavaliers, éclaireurs de terrain, marchaient à 5oo mètres en avant de la première ligne de tirailleurs. Ces dispositions étaient parfaitement appropriées à des troupes jeunes et impressionnables qui, pour passer de l'ordre de marche à la formation de combat, trouvaient la transition moins brusque.

C'était la première fois, au cours de la campagne, que nous prenions nettement l'offensive, et cette tentative avait été couronnée de succès.

Il y a lieu de remarquer les dispositions défensives prises par Von der Thann. Disposant de vingt et un bataillons, il en détache quatre pour occuper les villages principaux et garde les dix-sept autres groupés en arrière de Coulmiers, prêts à se porter sur le point menacé.

Enfin, le commandant du bataillon qui défend La Renardière détache une compagnie en avant-postes à Baccon. Celle-ci, fortement retranchée, oblige l'avant-garde à se déployer et à faire un premier effort. L'artillerie elle-même est obligée d'intervenir. Après l'enlèvement de Baccon, il faut recommencer pour La Renardière qui, mieux défendu, exigera un effort d'autant plus pénible que la résistance des avant-postes a déjà brisé l'élan de nos jeunes troupes.

Camp retranché d'Orléans.

Le gouvernement de la Défense nationale aurait voulu que l'armée victorieuse marchât sur Paris sans retard ; mais le général d'Aurelle, nommé commandant en chef, faute de confiance dans la solidité de ses jeunes troupes, n'osa s'aventurer dans une entreprise aussi hardie. Il voulut réorganiser son armée à l'abri, dans un grand camp retranché.

Pourquoi ne profita-t-il ni de la victoire ni de l'élan de ses troupes ? Il paraît certain que cette inaction absolue fut une faute très grave. Après la reprise d'Orléans, l'armée de la Loire sembla s'immobiliser, en effet, et attendre que l'armée de Metz, devenue libre, vînt l'écraser dans ses lignes défensives.

Était-il possible de marcher en avant ? Le général d'Aurelle n'a-t-il pas manqué de confiance dans ses jeunes troupes qu'une victoire avait électrisées et qui se sentaient capables de grandes choses ?... C'est une question que nous ne déciderons pas. Quoi qu'il en soit, les revers qui accablèrent l'armée de la Loire dès que Frédéric-Charles eut fait sa jonction avec les Bavarois ne justifièrent que trop l'impatience de Gambetta.

C'était aussi l'avis des généraux Borel, Chanzy

et Martin des Pallières. De plus, Von der Goltz a dit formellement depuis que c'est ce que l'on aurait dû faire : « La victoire de Coulmiers ne pou-« vait être mise à profit que par la prompte con-« tinuation des opérations sur Paris et amener « ainsi un événement décisif. »

Le général d'Aurelle devait reprendre la marche en avant le plus rapidement possible, avec la forte division Martin des Pallières qui n'avait pas combattu à Coulmiers. Ce général, entendant le canon, fit des prodiges de célérité ; mais il ne put atteindre ni les vaincus de Coulmiers ni les convois d'Orléans, où il était arrivé le 9 au soir. Le lendemain, il s'était porté sur Chevilly, pendant que les troupes françaises laissées au sud d'Orléans occupaient cette dernière ville.

Néanmoins, l'opinion de d'Aurelle l'emporta, et l'établissement d'un camp retranché autour d'Orléans fut décidé d'un commun accord dans une conférence à laquelle assistaient Gambetta et M. de Fréycinet. Les francs-tireurs de Cathelineau occupèrent la forêt d'Orléans. On construisit une vaste ligne de retranchements en demi-cercle, allant de Chevilly à La Chapelle par Boulay et Ormes, ligne armée avec 120 canons de fort calibre de la marine. Enfin, on mit en état de défense une ligne de postes avancés, passant par La Provenchère, Saint-Péravy, Saint-Sigismond, Coulmiers.

« Le général entendait s'enfermer momentané-
« ment dans le camp retranché, y concentrer les
« troupes, y attendre l'ennemi tout en activant
« l'organisation des corps de nouvelle formation,
« recevoir le choc des Allemands dans de fortes
« positions défensives et régler sa conduite ulté-
« rieure sur l'issue d'une lutte dans laquelle il
« avait quelque confiance[1]. »

« Marcher sur Paris après Coulmiers, a-t-il écrit
« depuis, était une tentative insensée, téméraire ;
« c'était encourir devant le pays une responsabi-
« lité que ne pouvait accepter un général expéri-
« menté, soucieux de sa réputation et des grands
« intérêts qui lui étaient confiés[2]. »

Dispositions allemandes après Coulmiers.

En apprenant la défaite de Coulmiers, le Grand
Quartier général de Versailles fut très ému et fit,
dit-on, des préparatifs de départ. Il donna l'ordre
au duc de Mecklembourg de se porter avec la
17e division d'infanterie et les 2e et 6e de cavalerie
à Angerville, où il devait être rallié par le général
Von der Thann, et de prendre le commandement
de cette « *subdivision d'armée* ».

1. Canonge.
2. *La première armée de la Loire*, par le général d'Aurelle.

Quant à Frédéric-Charles, il fut invité par télégramme à abandonner sa direction primitive de Chalon-sur-Saône pour se porter le plus vite possible sur Fontainebleau. La marche de cette armée fut remarquable au point de vue de la vitesse. Il est vrai qu'elle parcourait un pays très riche, respecté jusque-là par l'invasion. Ne tenant compte que des nécessités de la guerre, le IX⁰ corps fit dix étapes consécutives en marchant sur deux colonnes de division et parcourut jusqu'à 40 kilomètres par jour. Cependant il faisait froid, les cantonnements étaient étendus, et l'on marchait pendant la nuit ! Il est utile d'apprendre des faits de ce genre à nos jeunes soldats, généralement portés à se plaindre dès qu'on exige d'eux quelques efforts.

La jonction des deux armées ennemies se fit le 27 novembre, vers Janville.

Nouvelle offensive française.

Pendant que la II⁰ armée allemande s'avançait ainsi vers d'Aurelle, celui-ci restait immobile à Orléans où l'armée française avait été renforcée de trois nouveaux corps d'armée :

Le 17⁰, sous les ordres du général de Sonis, formé derrière la forêt de Marchenoir ; le 20⁰, ancienne armée des Vosges, sous les ordres du général Crouzat, rappelé de Besançon sur Gien, et le 18e, d'abord sous les ordres de Billot, puis de Bourbaki, formé à Nevers. Ces trois corps recevaient leurs instructions du Ministre de la Guerre, le général d'Aurelle ayant décliné un commandement plus étendu que celui des 15e et 16e corps.

Sous prétexte que « *Paris avait faim et nous réclamait* », le Gouvernement résolut de marcher sur Pithiviers où s'étaient concentrés les trois corps du prince Frédéric-Charles ; mais le général en chef ne fut pas de cet avis. Le conflit qui en découla eut pour résultat l'offensive avec l'éparpillement des forces au lieu de la concentration et de la défensive que désirait d'Aurelle. Il eût été plus conforme à nos véritables intérêts d'attendre dans nos lignes fortifiées l'attaque de l'armée allemande que de la provoquer. Il résulte des aveux même des Allemands que le prince Frédéric-Charles préférait être attaqué dans les terrains découverts de la Beauce plutôt que d'entreprendre l'enlèvement du grand camp retranché d'Orléans. « La défensive nous était donc très favorable, et « l'ennemi n'avait d'espérance que dans le cas où « nous serions assez fous pour sortir de nos positions et venir l'attaquer[1]. »

A ce moment va commencer une situation de

1. *Gambetta et ses armées*, par Von der Goltz.

plus en plus dangereuse résultant du manque d'entente entre le Ministre de la Guerre et le général en chef, le Ministre poussant en avant et le général s'efforçant de retenir et d'arrêter.

Quoique le général d'Aurelle eût le titre de commandant en chef de l'armée de la Loire, les 17e, 18e et 20e corps n'étaient pas sous son commandement, comme nous venons de le voir. La 1re division du 15e corps (Martin des Pallières) était elle-même détachée à Chilleurs; elle ne rejoindra les deux autres qu'après le désastre d'Orléans. Les corps de nouvelle formation obéissaient donc au Délégué à la guerre, qui leur donna l'ordre de prendre l'offensive pour empêcher la jonction de Frédéric-Charles et du grand duc de Mecklembourg. Les 18e et 20e devaient marcher sur Pithiviers, pendant que le 17e irait, vers Châteaudun, surveiller le grand duc.

On disséminait ainsi l'armée sur une ligne de 100 kilomètres et cela au moment où l'ennemi concentrait toutes ses forces pour nous attaquer.

L'armée de la Loire, notre seule et dernière espérance, allait être vaincue bien plus par la faute de ceux qui la dirigeaient que par l'habileté de l'ennemi. Le général d'Aurelle blâme, avec raison, cette conduite; mais il devait ou exiger sa pleine liberté d'action ou se retirer, le commandement n'existant pas sans la fermeté de caractère.

« Il a excusé sa défaite en disant que les revers
« de la première armée de la Loire étaient dus à
« l'ingérence de l'élément civil dans la conduite
« des opérations de la campagne. Mais, en ne se
« retirant pas ou en ne revendiquant pas sa liberté
« absolue, il en partageait la responsabilité avec
« les stratégistes de Tours[1]. »

Premiers combats.

Le 25 novembre, le général de Sonis, avec le
17e corps, livrait un combat heureux à Brou et
occupait Châteaudun. Mais, dans la nuit du 27 au
28, il l'évacua sur la foi de renseignements erro-
nés. La retraite s'exécuta dans un désordre inexprimable, et ce corps d'armée, peu consistant, se
débanda malgré tous les efforts de son valeureux
chef.

A droite, les combats de Ladon et de Maizières,
le 24 novembre, avertirent le prince Frédéric-
Charles du mouvement offensif de notre armée.

Bataille de Beaune-la-Rolande.

Les 18e et 20e corps, sous les ordres de Crouzat,
attaquèrent le Prince-Rouge, le 28 novembre, à

1. Dussieux.

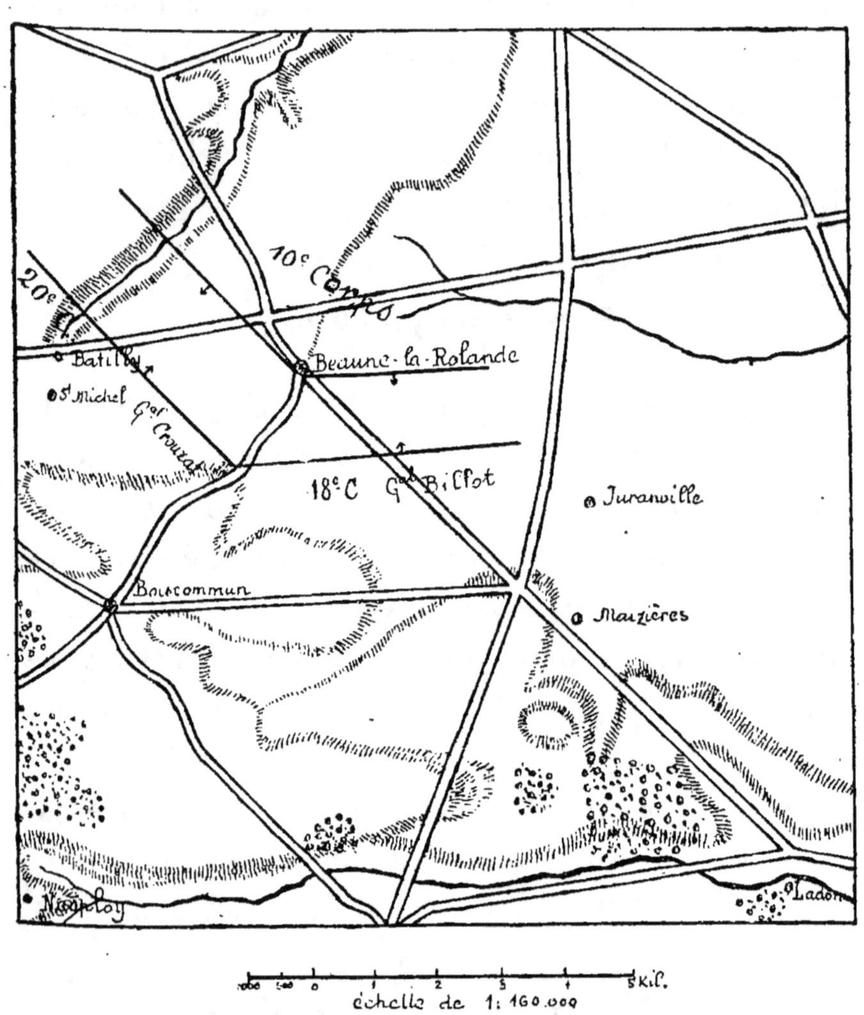

BEAUNE-LA-ROLANDE (27 novembre 1870).

Beaune-la-Rolande, où le Xe corps s'était forte-ment retranché. Le 20e corps réussit à envelopper l'adversaire sous Beaune, et le général de Voigts-Retz, qui avait mis toutes ses troupes en ligne, pa-raissait perdu lorsque l'intervention de deux divi-sions du IIIe corps, d'Alvensleben, enveloppant Crouzat, nous forcèrent à reculer. Le 18e corps, dont la marche avait été retardée par de petits combats, n'arriva que fort tard au secours du 20e. Il enleva Juranville et coucha sur ces positions. Le délégué à la guerre donna l'ordre de battre en retraite sur Bellegarde.

Remarquons qu'à Beaune-la-Rolande l'artillerie n'a pas préparé l'assaut du 20e corps. Crouzat n'avait pu se décider à déloger l'ennemi à coups de canon d'une ville française et, malgré la grande vigueur dont nos troupes firent preuve, il ne put parvenir à forcer de front des murailles bien gar-nies. La nécessité de vaincre aurait dû primer ce sentiment très honorable.

A gauche, Martin des Pallières, trop éloigné, embourbé dans de mauvais chemins en avant de Chilleurs, n'accourut pas au canon et, plus au nord, Cathelineau manqua à sa mission en n'arrê-tant pas, sur les routes de Pithiviers, les renforts du IIIe corps qui allaient sauver Voigts-Retz.

Le général de Moltke reconnaît que la IIe armée allemande, avant sa jonction avec le duc de Mecklembourg, sans être rassemblée, s'était trouvée en face et à très peu de distance de forces ennemies considérables.

Après Beaune-la-Rolande, l'armée de la Loire était désormais compromise : au lieu d'attaquer en masse, elle n'avait d'abord engagé que sa droite, ruinée du premier coup, et, quatre jours plus tard, sa gauche était battue pour les mêmes raisons.

La neige couvrait les plaines de la Beauce ; un vent glacial soufflait en tempête. Les troupes souffraient cruellement du froid pendant les nuits de bivouac. Beaucoup d'hommes avaient eu les pieds gelés !

Plan de M. de Freycinet.

Le 30 novembre, la Délégation reçut de Paris une dépêche, datée de quatre jours, qui annonçait une grande sortie sur le front sud. En conséquence, un mouvement offensif général fut prescrit pour donner la main au général Ducrot.

Le plan de M. de Freycinet consistait à marcher sur Fontainebleau par Pithiviers, en faisant une grande conversion à droite : le 15ᵉ corps servant de pivot à Chevilly et à Chilleurs ; le 16ᵉ, partant de Saint-Péravy, à l'aile marchante, et le 17ᵉ, se portant de Marchenoir à l'appui du 16ᵉ, devait, en outre, couvrir Orléans. Les 18ᵉ et 20ᵉ corps, toujours aux ordres du délégué à la guerre, devaient attendre, à Bellegarde, l'ordre de marcher sur Pithiviers. Un 21ᵉ corps, Jaurès, formé au Mans avec les bandes du général Fiéreck, avait l'ordre de se porter sur Vendôme.

Nos forces restaient éparpillées sur un front considérable tandis que les Allemands, se concentrant toujours, n'occupaient que 60 kilomètres, d'Orgères à Beaune-la-Rolande. Leur mouvement en avant devait faire converger toutes leurs forces sur Orléans.

Succès de Villepion.

Le 1ᵉʳ décembre, la division Jauréguiberry, du 16ᵉ corps, enlevait brillamment, à Villepion, les positions occupées par une brigade bavaroise : décidément l'offensive nous favorisait. Le même jour, le Gouvernement annonçait à la nation et à l'armée que la grande sortie du général Ducrot gagnait du terrain vers le sud et avait atteint Epinay-sur-Orge. Cette victoire de Ducrot provoqua un enthousiasme universel et Gambetta jugea à propos de lancer une nouvelle proclamation :

« Le génie de la France, un moment voilé, re-
« paraît. Grâce aux efforts du pays tout entier, la
« victoire nous revient. Ce sera l'éternel honneur
« de la République d'avoir rendu à la France le

« sentiment d'elle-même, et, l'ayant trouvée dé-
« sarmée, abaissée, trahie, occupée par l'étranger,
« de lui avoir ramené l'honneur, la discipline, les
« armées, la victoire! »

M. de Freycinet supposait que Frédéric-Charles
ne songeait plus qu'à courir au-devant du général
Ducrot victorieux. Aussi donna-t-il l'ordre de marcher sans retard au-devant de l'armée de Paris qui
s'avançait vers l'armée de la Loire. Il s'agissait,
hélas! d'Epinay, au nord-ouest de Paris, sur la
route de Pontoise!...

Bataille de Loigny.

Le 2 décembre, une rencontre sanglante eut lieu
entre le 16e corps et toutes les troupes du grand-
duc de Mecklembourg, autour de Loigny, tandis
qu'une action indépendante mettait aux prises l'aile
gauche du 15e corps et la XXIIe division prussienne vers Poupry.

Le 16e corps, s'avançant en terrain découvert,
délogea les Bavarois de Loigny, mais ne parvint
pas à prendre pied dans le parc de Goury. A la
tombée de la nuit, nous avions rétrogradé en deçà
de Loigny lorsqu'arrivèrent, mais trop tard, les
premières troupes du 17e corps.

Le général de Sonis, voyant s'enfuir le 51e de
marche, se met à la tête de 800 hommes, zouaves

pontificaux, mobiles et francs-tireurs, et fait, sous un feu terrible, une tentative désespérée pour dégager deux bataillons restés au cimetière de Loigny. Cette lutte restera célèbre dans nos annales militaires.

Ces braves parcourent 1,200 mètres en terrain découvert sans riposter au feu qui les accable. Les rangs sont bien vite éclaircis et le général de Sonis tombe, une cuisse broyée. Le colonel de Charette tombe, mais l'étendard des zouaves pontificaux est toujours en mains. Frappé à mort, le sergent de Verthamon l'a remis à Fernand de Bouillé ; lorsque celui-ci est tombé mort, il a été tour à tour remplacé par son fils, Jacques de Bouillé, qui est tué, puis par son gendre, de Cazenove de Pradines, qui est grièvement blessé ; enfin, par M. de Traversay.

Episode sublime à citer à nos soldats quand nous leur apprenons qu'ils ne doivent pas hésiter à donner leur vie pour sauver leur drapeau !

Les zouaves pontificaux comptaient 300 hommes conduits par le colonel de Charette. 18 officiers, dont le colonel, et 198 hommes furent mis hors de combat. Les mobiles perdirent 110 hommes et les francs-tireurs 62. Le général de Sonis resta toute la nuit sur le champ de bataille ; le lendemain, il dut être amputé.

Saluons très respectueusement la mémoire de

ces braves tombés si glorieusement au champ d'honneur !

Seul, le 37ᵉ de marche, abandonné, tenait encore dans le cimetière de Loigny ; abrité par les tombes, il résistait aux ennemis qui l'enveloppaient de toutes parts. Il ne se rendit qu'après avoir brûlé ses dernières cartouches.

La nuit s'épaississait. Le champ de bataille était éclairé par les flammes qui dévoraient Loigny. On n'entendait plus que le roulement des pièces de canon sur le sol durci par la gelée et les cris navrants des blessés déposés en travers des caissons.

« Comme bien d'autres batailles de cette malheu-
« reuse guerre, la bataille de Loigny-Poupry fut
« décousue ; chaque division s'engagea de son
« côté, les unes trop tôt, les autres trop tard,
« sans ensemble dans leurs mouvements. La di-
« rection supérieure fit défaut. Il en est souvent
« ainsi lorsque la lutte s'étend sur un grand front,
« car le commandement en chef ne peut être par-
« tout, ni tout voir. Alors chacun agit pour son
« compte et pour le mieux. Les chances sont plus
« ou moins heureuses, mais presque toujours la
« victoire reste aux troupes les plus tenaces et
« les mieux liées entre elles [1]. »

L'aile droite de l'armée française avait été arrê-

1. Niox.

tée par la bataille de Beaune-la-Rolande ; le centre
et l'aile gauche par les combats de Poupry et de
Loigny. Sur les deux points, notre échec était dû
au décousu des mouvements de nos troupes qu;
furent engagées par fractions isolées, jetées sans
préparation par l'artillerie sur les villages ou amenées trop tard sur le champ de bataille, alors que
la lutte n'était plus possible. Les Allemands réussirent à nous faire reculer par l'emploi constant
des mouvements débordants.

Deuxième bataille d'Orléans.

A ce moment, les Prussiens résolurent une attaque concentrique sur Orléans. Frédéric-Charles
trompait par un rideau de cavalerie Martin des
Pallières resté à Chilleurs, et rejoignait par une
marche de nuit Von der Thann et Mecklembourg.
Le lendemain, toutes ses forces réunies allaient
écraser le 15e corps.

Le 2 décembre, la Délégation de Tours rendit
le commandement des cinq corps d'armée au général d'Aurelle : « J'avais dirigé, écrivait M. de
« Freycinet, jusqu'à hier les 18e et 20e corps et,
« par moments, le 17e. Je vous laisse ce soin dé-
« sormais. »

Dans la nuit du 2 au 3 décembre, le général en
chef ne se jugeant pas en mesure de soutenir une

nouvelle bataille prit le parti de rétrograder. La retraite sur Orléans s'imposait : le 16ᵉ corps était, de l'aveu de Chanzy, hors d'état de reprendre la lutte, et le 17ᵉ, privé de son chef, le général de Sonis, était dans de plus mauvaises conditions. Les 18ᵉ et 20ᵉ corps, ainsi que la 1ʳᵉ division du 15ᵉ, avaient été tenus à distance.

« Le général français, dit de Moltke, devait « craindre de se voir refoulé, avec des masses de « troupes désordonnées, contre la Loire et Orléans, « seul et unique point de passage du fleuve. Il se « décida donc à faire une retraite divergente : le « 15ᵉ corps par Orléans, Crouzat par Gien et « Chanzy par Beaugency. » Tel n'était pas l'avis du Gouvernement, qui ordonnait de faire un grand mouvement concentrique et de généraliser la lutte.

Le 3 décembre, le combat continua sur tout le front. Le froid était excessif et nos jeunes soldats étaient épuisés, découragés et glacés par une température rigoureuse. Quelques hommes manquaient de cette discipline qui fait supporter des fatigues exceptionnelles et les officiers n'avaient pas l'autorité suffisante pour imposer l'obéissance. Aussi la débandade suivait presque toujours un engagement malheureux. La grande opération était manquée !

Le grand duc de Mecklembourg s'avance à l'ouest de la grande route de Paris, le IXᵉ corps

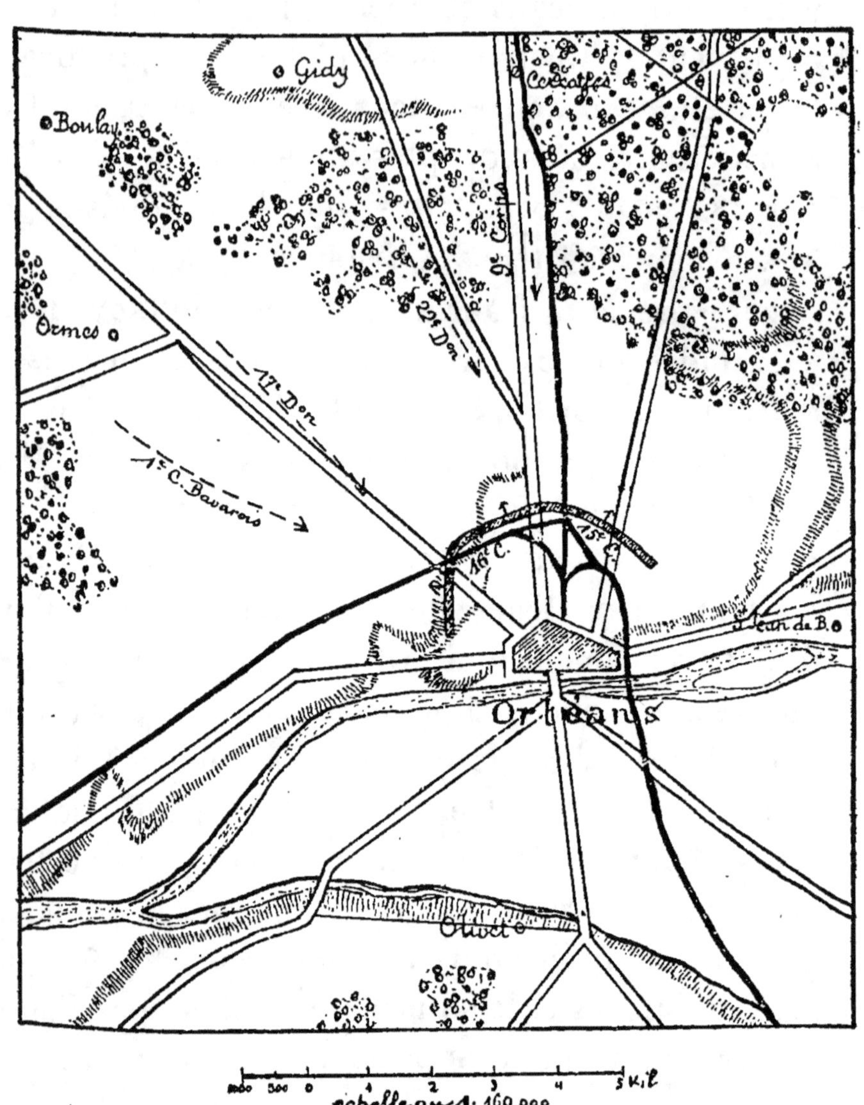

ORLÉANS (3, 4 décembre 1870).

sur la route même, le IIIe par Chilleurs-aux-Bois, le Xe en réserve. Notre 15e corps supporte presque seul tout l'effort des deux armées : le général des Pallières abandonne Chilleurs et se replie en toute hâte sur Orléans pour défendre la lisière de cette ville ; les deux autres divisions soutiennent de violents combats à Artenay, Chevilly et Cercottes. La nuit arrête là les progrès de l'ennemi.

Le lendemain matin, les Allemands reprenant leur marche offensive, la retraite brillamment soutenue jusque-là par la division Martineau des Chenez se fit dans le plus grand désordre.

Durant la nuit, des Français affamés et grelottants venaient aux avant-postes prussiens annoncer que leur armée refusait de se battre. Chaque régiment agissait pour son compte : la brigade Minot, après s'être égarée dans la forêt, perd l'artillerie qui lui a été confiée ; des bataillons sont oubliés dans les bois ; des compagnies entières quittaient leurs bataillons et gagnaient Orléans en toute hâte. D'Aurelle ne voyait sur la route que des fuyards pris de panique et sourds à la voix de leurs officiers.

Le général Minot avait abandonné ses canons pour sauver ses chevaux. Le général de Blois, commandant l'artillerie, furieux, lui ordonna d'aller les reprendre et fit appuyer ce mouvement par un régiment de cavalerie. Ce fut en vain : sur les six pièces, une seule fut sauvée par le dévouement d'un sergent et d'un caporal qui la firent traîner à bras d'hommes. Le premier fut décoré et le second médaillé.

Le général Martin des Pallières a écrit que parmi les régiments placés sous ses ordres, un grand nombre n'avaient pu faire cuire leurs vivres qu'une seule fois du 1er au 7 décembre. Les hommes jetaient la viande qui les surchargeait inutilement et ne mangeaient que du biscuit dont la ration de plusieurs jours était consommée en un seul. Ces lignes excusent bien des défaillances...

La division Peytavin, écrasée à Gidy, est rejetée à l'ouest, ce qui isole du même coup les 16e et 17e corps groupés sous Chanzy. Celui-ci déclare que l'aile gauche est hors d'état de résister, et, conformément aux instructions reçues la veille, il cherche à passer la Loire à Beaugency. Cette première retraite de Chanzy s'exécute avec un bonheur relatif en raison de l'état de délabrement de ses deux corps. Pendant cette bataille de quatre jours, les 18e et 20e corps, sous Bourbaki, firent le coup de feu avec quelques troupes que Frédéric-Charles avait laissées devant eux, mais ils ne prirent aucune part à l'action générale. Après avoir amorcé une action timide sur la gauche du IIIe corps, ils passèrent la Loire à Sully.

C'eût été le moment de leur faire reprendre la

marche sur Fontainebleau par Pithiviers, puisque les Prussiens n'avaient plus dans cette région qu'une division de cavalerie et une brigade d'infanterie. « On ne saurait prévoir, dit Von der « Goltz, les conséquences que ce mouvement au- « rait pu avoir pour la deuxième armée. »

Cependant, vers midi, le général d'Aurelle, conservant une lueur d'espérance, télégraphie à Tours qu'il se décide à défendre Orléans. Gambetta accourt pour l'encourager dans cette voie; le train qui le porte est arrêté, et c'est à grand'-peine que le Ministre échappe aux Prussiens.

La résistance était impossible, hélas! car la division Martin des Pallières, sur laquelle le général en chef comptait, était incapable de produire un dernier effort; aussi fallut-il évacuer Orléans. Les soldats se répandaient partout dans les maisons et les cabarets ou se couchaient ivres sur les places et le long des rues. Les officiers remplissaient les cafés et les hôtels. Les mesures prises depuis longtemps par l'intendance pour avoir toujours de grands convois tout prêts permirent heureusement de sauver nos approvisionnements. Signalons aussi l'héroïque conduite des marins qui se défendirent jusqu'à la dernière extrémité. Ils ne reculèrent, à onze heures du soir, qu'après avoir encloué leurs canons et détruit leurs munitions.

Martin des Pallières, poursuivi l'épée dans les

reins, lutta toute la soirée et assura la retraite du 15e corps. Vers dix heures du soir, il conclut avec le vainqueur une suspension d'armes de deux heures pour éviter à la ville les horreurs du bombardement et l'assaut.

Les Prussiens pénétrèrent à Orléans vers une heure du matin et s'emparèrent, avant toute chose, du pont qu'on n'avait pas détruit faute de poudre. « Les Français, qui se chauffaient à des feux de « bivouac, s'offraient d'eux-mêmes comme prison- « niers et livraient, de bon gré, leurs armes et « leurs munitions[1]. »

Le 5 au matin, l'ennemi se répandit en forces sur la rive gauche et lança sa cavalerie dans la Sologne. Néanmoins, la poursuite fut peu active, car les Allemands étaient exténués, ce qui n'a pas empêché de Moltke d'avancer qu'on aurait pu, à ce moment, s'emparer de Bourges.

Des 30,000 hommes de Von der Thann, il n'en restait plus que 5,000; 25,000 avaient été tués, blessés ou étaient malades. Nos soldats de la Loire avaient vengé les victimes de Bazeilles... A cette époque-ci, où l'on n'entend que des paroles de paix, la haine peut sembler étrange; ce n'est cependant que dans le culte du souvenir que notre patriotisme pourra se rallumer.

1. Chuquet.

« Cette destruction inattendue de l'armée de la
« Loire était, après l'effort brisé de Paris, un coup
« irrémédiable porté à la Défense. Durant les som-
« bres mois de décembre et de janvier, elle ne fera
« désormais que s'agiter douloureusement, en hé-
« roïques, impuissants tronçons, sans pouvoir plus
« se réunir[1]. »

Destitution du général d'Aurelle de Paladines.

Le 15e corps fut rassemblé, le 6, à Salbris, terrain de prédilection du général d'Aurelle, qui s'occupait de grouper les trois tronçons de son armée,
lorsqu'une dépêche de Tours l'avisa que son commandement était supprimé.

C'est sur lui que la Délégation rejeta la responsabilité du désastre. Sans prendre parti dans cette
discussion, nous reconnaîtrons que le général d'Aurelle s'était montré habile organisateur et instruc-
teur énergique. La France lui doit la création de
l'armée de la Loire, façonnée en peu de temps à
l'obéissance et à la discipline, et la glorieuse journée de Coulmiers, la seule victoire incontestée de
toute la guerre.

Deux nouvelles armées furent formées : la première, sur la rive gauche, sous le commandement

[1]. Paul et Victor Margueritte.

de Bourbaki, avec les 15ᵉ, 18ᵉ et 20ᵉ corps; la seconde, sur la rive droite, sous Chanzy, avec les 16ᵉ et 17ᵉ corps que va rejoindre le 21ᵉ (Jaurès).

C'est par l'étude des opérations de l'armée de Chanzy, ou deuxième armée de la Loire, que nous allons continuer cette conférence.

TITRE II.

DEUXIÈME ARMÉE DE LA LOIRE.

Le général Chanzy.

Gambetta avait eu la main heureuse en choisissant Chanzy. Leurs noms demeureront associés dans l'histoire. Comme son ministre, ce général n'avait qu'un seul désir : débloquer Paris. Pour atteindre ce but, il a fait preuve d'une énergie presque surhumaine, ayant toujours la ferme volonté de vaincre et ne désespérant jamais. Ce qui fait sa grandeur, en effet, c'est le caractère. Chanzy eut jusqu'au bout l'espoir de vaincre; il semblait ignorer le revers de la veille et ne croyait pas au désastre du lendemain. Cette série de marches savantes, de belles retraites sur Josnes, sur Vendôme, sur Le Mans, cette résistance imprévue l'ont immortalisé.

Tactique.

Si les opérations de la première armée de la Loire avaient été caractérisées par des mouvements offensifs tendant à débloquer Paris, celles que va diriger Chanzy auront plutôt un caractère défensif. La deuxième armée, s'arrêtant sur des positions choisies, va battre en retraite de façon à ne pas s'éloigner de Paris tout en empêchant l'invasion de gagner le centre de la France. Chanzy veut user l'ennemi par des combats journaliers, éviter d'engager ses jeunes troupes à fond, les aguerrir en leur donnant de la cohésion et marcher sur la capitale dès qu'il le pourra.

« La grande supériorité de son armée, les fusils « à longue portée de son infanterie, son artillerie « nombreuse et en partie très bonne, facilitaient « son entreprise[1]. »

Les Allemands, de Moltke lui-même, ont reconnu que c'était le meilleur des généraux qu'ils aient trouvé devant eux dans cette guerre. Chanzy, en effet, a donné depuis la bataille d'Orléans des preuves irrécusables d'une grande science stratégique. Dans ses différentes retraites, chaque phase a été marquée par une habileté de combinaisons auxquelles on n'était pas habitué. Tant au point de vue de la valeur tactique que de la précision militaire et de la rapidité des mouvements, il a dépassé le célèbre général prussien, le prince Frédéric-Charles.

C'est cette lutte, soutenue pied à pied, sans se lasser, que nous allons étudier.

1. Von der Goltz.

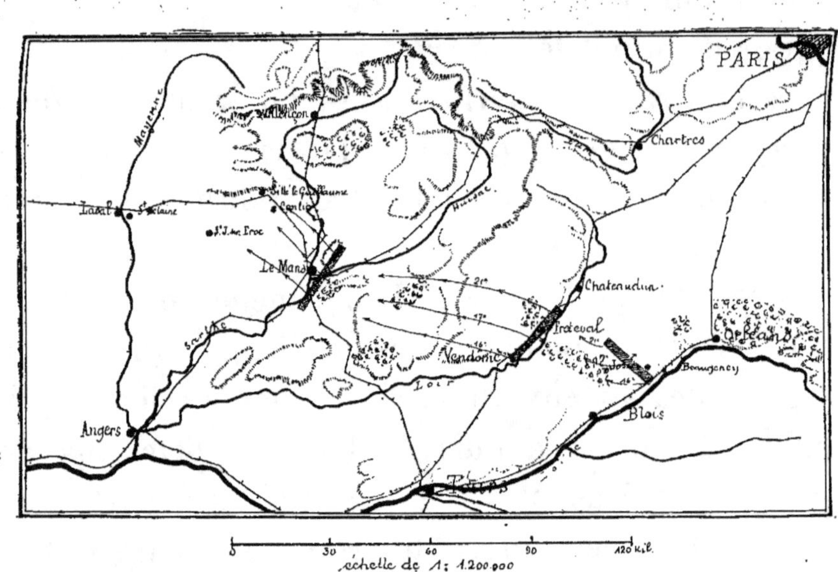

DEUXIÈME ARMÉE DE LA LOIRE.

Sa première retraite.

La retraite des 16ᵉ et 17ᵉ corps, après le désastre d'Orléans, s'était faite dans des conditions relativement bonnes. Chanzy arrêta son armée de façon à garder la trouée comprise entre la Loire et la forêt de Marchenoir, la droite à Beaugency et à Meung, la gauche à Lorges. L'aile droite était appuyée par la division mixte Camo, l'aile gauche par le 21ᵉ corps, de nouvelle formation, qui venait grossir la deuxième armée. La cavalerie du 16ᵉ corps se trouvait en avant du front. L'emplacement choisi permettait de s'assurer de tout le pays, du Loir à la Loire, de couvrir le cours inférieur de ce fleuve, et de mettre ainsi à l'abri la Délégation de Tours.

Si toutes les troupes de l'armée de la Loire eussent possédé la même valeur que celles dont nous avons admiré les hauts faits à Coulmiers, à Villepion, à Loigny, quel désastre on eût pu infliger aux Prussiens, quelle revanche on eût prise !

Le général Chanzy fit, pour vaincre, tout ce qu'il était humainement possible de faire; mais les éléments disparates dont il disposait étaient trop inférieurs aux régiments aguerris de l'ennemi pour qu'il pût espérer le succès.

Constitution de la deuxième armée de la Loire.

La deuxième armée de la Loire comprenait 120,000 hommes, 360 bouches à feu, 4,000 voitures et 24,000 chevaux. Le 21e corps, à quatre divisions, représentait à lui tout seul une petite armée. La diversité de son armement, constitué par des fusils de toutes les espèces connues, n'avait d'égale que celle des uniformes.

Dispositions prises par Frédéric-Charles.

Frédéric-Charles avait établi son quartier général à Orléans le 5 décembre. Ne conservant auprès de lui que le Xe corps, il avait envoyé une division du IXe en Sologne à la poursuite du 15e corps ; le IIIe et une division de cavalerie sur les traces des 18e et 20e corps, pendant que la « subdivision d'armée », avec deux divisions de cavalerie, opérait contre Chanzy. La division hessoise du IXe corps devait flanquer le grand-duc en descendant, à sa hauteur, la rive gauche de la Loire.

Dès le 6 décembre, l'avant-garde du duc de Mecklembourg nous enleva Meung.

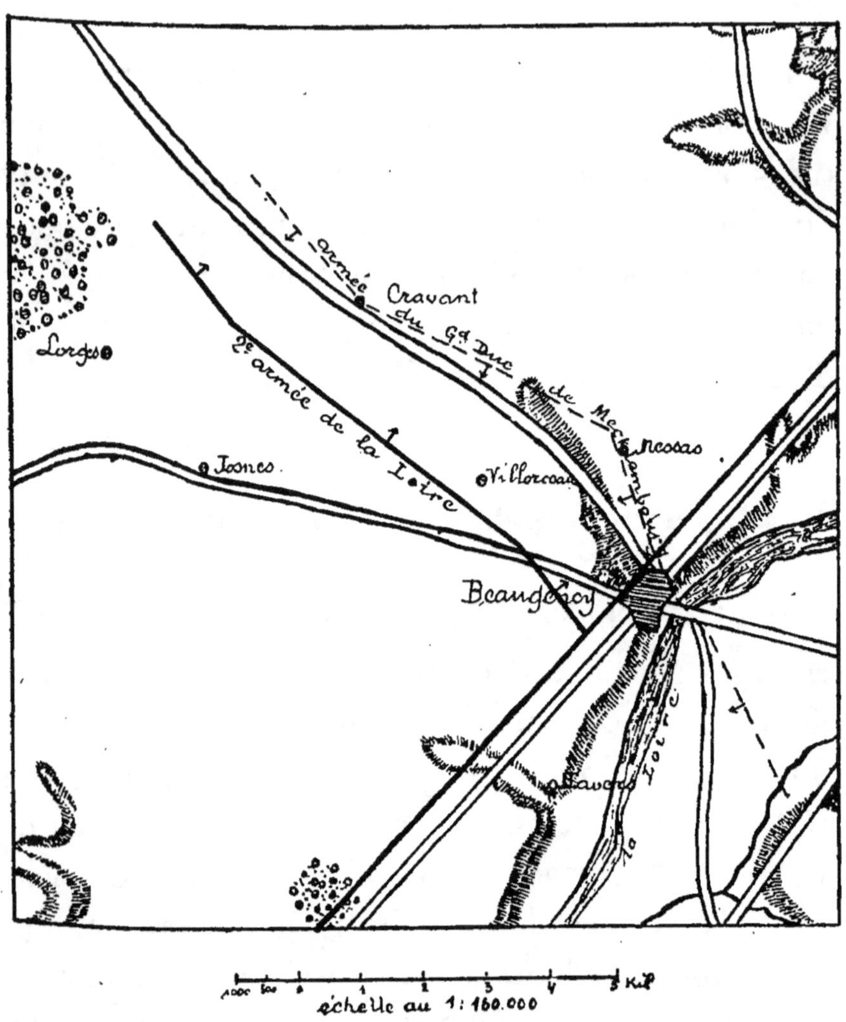

JOSNES (7, 8, 9, 10 décembre 1870).

Batailles de Josnes, Villorceau et Beaugency.

Du 7 au 10, dans une série de combats partiels livrés vers Beaugency et Villorceau, la deuxième armée de la Loire tint les Allemands en échec et fit preuve, malgré les souffrances et les privations, d'une ténacité remarquable. Le duc de Mecklembourg croyait n'avoir à pousser devant lui que des débris; il se heurta à une armée nouvelle; solidement assise sur des positions imprévues.

Le 7, la lutte reste indécise.

Le 8, les Bavarois plient, au centre, devant Josnes, mais enlèvent Beaugency et Messas, positions évacuées prématurément par la division Camo. Un uhlan, témoin de l'action, rapporte qu'elle fut la plus terrible de la campagne, et que la canonnade, plus formidable encore qu'à Sedan, serrait le cœur et faisait se dresser les cheveux.

Le 9, on se cramponne aux hauteurs de Tavern, en arrière de Beaugency. La lutte fut acharnée à Villorceau, à Villejouan, à Origny. Nous n'avions reculé que de 2 kilomètres, et Gambetta, arrivé dans la soirée, venait, sur place, encourager la résistance.

Le 10, nos troupes exténuées livrent une quatrième bataille et tentent de reprendre Origny;

mais le succès final resta au grand-duc qui l'avait payé du huitième de son effectif.

Le maréchal de Moltke l'attribue à l'infatigable persistance de l'artillerie, qui avait tant tiré qu'à la fin la plupart des canons bavarois et les canons d'acier des batteries légères se trouvaient être hors de service. Il dit aussi que les Français ne surent pas profiter de leur supériorité numérique en s'étendant vers la droite allemande.

Les Bavarois de Von der Thann, définitivement décimés, gagnaient l'abri d'Orléans et ne reparurent plus jusqu'à la fin de la guerre.

Cette défense de Josnes prouve, une fois de plus, qu'à la guerre le commandement est le facteur principal du succès.

« Spectacle admirable que le surgissement, de-
« vant l'adversaire stupéfait, de cette armée subite
« jaillie de sa ruine comme un phénix de ses cen-
« dres ! Eclatant témoignage de ce que peut le
« soldat à la dernière limite de ses forces, ravagé
« d'épuisement et de froid, quand un chef décidé
« le ranime, le soutient de son inébranlable foi [1]. »

Mais ces quatre jours, les plus glorieux peut-être de la Défense nationale, avaient épuisé les troupes, et Chanzy craignait d'être débordé sur sa droite et même coupé. Le général Morandy s'était laissé

---

1. Paul et Victor Margueritte.

surprendre par deux compagnies hessoises dans le parc de Chambord, qu'il occupait avec une brigade; en outre, la division du IXe corps menaçait Blois.

Chanzy demandait que Bourbaki fît une utile diversion de ce côté; mais ce dernier, se laissant tromper par le rideau de cavalerie qui l'observait, ne crut pas ses troupes assez solides pour entreprendre cette opération; il craignait aussi d'arriver trop tard. Nos soldats étaient épuisés, non seulement par ces quatre batailles, mais encore par des nuits sans sommeil. Ils bivouaquaient en plein air sur la terre gelée, tandis que les Allemands cantonnaient au chaud dans les villages. Ce n'est que le 13 décembre que Gambetta autorisa nos armées à en faire autant.

Deuxième retraite vers le Loir.

Chanzy risquait donc d'être écrasé de front par les deux armées allemandes réunies et tourné par le IXe corps, aussi n'osa-t-il résister davantage.

La Délégation s'étant retirée à Bordeaux, il abandonna la ligne de la Loire et battit en retraite vers le Loir, entre Vendôme et Morée.

Le 11 décembre, après avoir fait réoccuper par ses troupes les positions de combat de la veille et fait exécuter les reconnaissances habituelles pour mieux tromper l'ennemi, Chanzy donna, vers dix heures du matin, l'ordre de battre en retraite.

L'armée française, pivotant sur sa gauche, fit un changement de front en arrière à droite. Couverte du côté de l'ennemi par un rideau permanent de tirailleurs et de fortes arrière-gardes, elle marcha en trois longues colonnes parallèles : le 16e corps se dirigea sur Vendôme ; le 17e, sur Oncques ; le 21e, sur Fréteval. Le général Barry reçut l'ordre de n'évacuer Blois qu'à la dernière extrémité ; mais, à l'approche de la division hessoise qui pouvait le tourner à Amboise, il abandonna la ville, permettant ainsi au IXe corps de nous précéder à Vendôme.

Cette deuxième retraite se fit encore avec une certaine régularité, malgré le mauvais temps et la fatigue des troupes. « Une pluie torrentielle avait « détrempé les champs gluants de la Beauce, à « travers lesquels les immenses bandes de l'armée « pataugeaient. » En dépit des efforts surhumains de la Délégation, les soldats, en haillons, n'avaient que du biscuit ! Certains avaient perdu leurs souliers dans la boue ; beaucoup se dispersaient, jetaient leurs armes pour ne plus se battre, s'échappaient pour courir le pays et exploiter la pitié des habitants par le récit de leurs infortunes. Des Français, attablés, allèrent jusqu'à accueillir

les Allemands en camarades et à les inviter à s'as-
seoir et à manger avec eux : « Nous ne voulons
« pas nous sauver, ajoutaient-ils, nous vous atten-
« dions pour nous rendre. »

Des cadavres d'hommes et de chevaux gisaient,
sans sépulture, dans la campagne.

Grâce à la prévoyance de ses « *Instructions* » et
à la fermeté de la direction, Chanzy échappait
pour la deuxième fois à l'ennemi. Les Allemands
s'étaient aperçus trop tard de notre mouvement ;
aussi, la retraite ne fut-elle pas trop inquiétée. La
poursuite eût pu devenir très dangereuse si nos
dispositions tactiques n'eussent confirmé l'ennemi
dans cette idée que nous étions résolus à défendre
partout énergiquement nos positions.

Le 13 décembre, les 17e et 21e corps occupaient
les hauteurs de la rive droite du Loir, tandis que
le 16e corps, sur la rive gauche, formait tête de
pont en avant de Vendôme.

« Dans cette période dont le souvenir restera
« impérissable et où la fortune des Allemands a
« été si près de sombrer, le général Chanzy s'est
« acquis des titres immortels à la reconnaissance
« de la patrie, à laquelle il a montré que tant
« qu'elle produit des hommes de sa trempe, une
« nation ne doit jamais désespérer[1]. »

1. Rousset.

Combats de Morée, de Fréteval et de Vendôme.

Frédéric-Charles, très surpris de la résistance acharnée et inattendue de l'armée de Chanzy, rassembla tous ses corps et les dirigea vers le Loir.

Le 14 décembre, les Prussiens s'emparent, à Morée et à Fréteval, des positions avancées du 21e corps; mais, le lendemain, la position de Fréteval était reprise. C'est à ce combat que fut tué le capitaine de frégate Collet, l'un des meilleurs colonels du 21e corps. Ce vaillant officier fut enterré sur le champ de bataille par ses marins, à genoux, tête nue et priant sous les obus prussiens.

A l'aile droite, le 16e corps défendit vaillamment les abords de Vendôme et contint l'ennemi. Malheureusement, il n'en fut pas de même au centre où le 17e corps se laissa déloger de Bel-Essart et se replia derrière le Loir. La nuit arrêta l'offensive du IIIe corps allemand.

Troisième retraite vers la Sarthe.

L'occupation de la position dominante de Bel-Essart découvrait le flanc gauche du 16e corps; en outre, l'état physique et moral de nos troupes ne permettait pas à Chanzy de tenter un retour offensif; aussi se décida-t-il à faire une troisième retraite vers la Sarthe, autour du Mans. Tout en ne s'éloignant pas de Paris, il se rapprochait des forces françaises en voie de formation en Normandie.

Cette retraite, favorisée par un épais brouillard, s'effectua, comme la précédente, en trois colonnes couvertes par un rideau de tirailleurs. Elle ne fut presque pas inquiétée, les ponts sur le Loir ayant été détruits et les Allemands étant eux-mêmes très épuisés. Cependant, une batterie dont les hommes, mal surveillés par les officiers, s'étaient enivrés avec le vin d'une cave qui leur avait été ouverte, fut capturée tout entière. Ce fut en deux petits combats d'arrière-garde, à Epuisay et à Droué, où se distingua le capitaine de vaisseau Gougeard, général au titre auxiliaire, que consista toute la poursuite du vainqueur.

Chanzy n'arriva que le 19 décembre sur les lignes de la Sarthe, après quatre jours de la plus désolante misère. Son armée succombait de toutes parts, s'égrenait, fondait; elle n'était plus qu'un grand troupeau. Des rideaux de cavalerie, placés en arrière, durent arrêter, ralentir pour le moins la course éperdue des fuyards vers le Mans. Ceux-ci gagnaient l'armée de vitesse et arrivaient au Mans dans l'état le plus misérable et le plus honteux, attestant, encore une fois, qu'il est impossible à une armée improvisée, même commandée par de bons généraux, de lutter heureusement ou longtemps contre des troupes disciplinées et organisées de longue date. L'escorte d'un convoi mettait ses fusils dans les fourgons. Des officiers se disaient malades, abandonnaient leur compagnie et se faisaient porter en voiture. Des bataillons entiers poussaient vers le Mans sans se soucier des ordres reçus. Le général Gougeard installait sa division de Bretagne en avant de Saint-Calais et constatait, le lendemain matin, au départ, que des soldats et des officiers avaient déserté!...

Les misères étaient grandes ; il pleuvait sans cesse ; le froid était toujours très rigoureux ; les vivres manquaient. Les Allemands, au contraire, étaient très bien nourris, car les paysans leur vendaient, malheureusement, des denrées qu'ils cachaient à nos troupes.

Pour la troisième fois, cependant, la deuxième armée de la Loire échappait à l'étreinte de l'ennemi et allait pouvoir se reformer. L'indomptable ténacité de son chef la sauvait d'une destruction complète et illustrait même son malheur!

« Il faut rendre pleine justice, a écrit un histo-
« rien allemand, aux hommes qui, même dans
« une telle situation, ne perdirent pas courage et
« s'obstinèrent à continuer la lutte au milieu de
« circonstances si difficiles[1]. »

1. Von der Goltz.

Chanzy n'avait presque pas été poursuivi, parce que le prince Frédéric-Charles avait appris, le 15 décembre, que la première armée de la Loire, sous Bourbaki, occupait Gien et Vierzon. Il jugea prudent de se reporter à la hâte vers Orléans pour arrêter cette offensive.

C'est, en effet, aux tergiversations de l'état-major allemand, pris entre la nécessité de poursuivre Chanzy et la crainte d'être attaqué de flanc par Bourbaki, qu'il faut attribuer la prudence qui caractérisa, à ce moment, les opérations et permit ainsi à notre armée d'effectuer sa retraite sans trop de difficultés.

Marche forcée du IXe corps allemand.

La division du IXe corps, partie de Blois le 16 au matin pour se porter sur Vendôme, reçut l'ordre, à La Chapelle-Vendômoise, de rétrograder sur Orléans. Cette colonne ne prit que trois heures de repos dans la soirée du 16, marcha toute la nuit et arriva à Orléans le 17 à trois heures du soir. Elle avait parcouru 82 kilomètres en trente-trois heures, ne laissant en arrière que cinq pour cent de son effectif.

A 4 heures de l'après-midi, le général télégraphiait que sa division était prête à reprendre la lutte. Aussi Von der Goltz a-t-il pu écrire qu'on n'a jamais fait mieux.

A ce propos, rappelons avec fierté que la division Masséna, marchant sur Rivoli, en 1797, et le 1er corps de la Grande-Armée (Bernadotte), lancé aux trousses de Blücker après Iéna, en avaient fait autant, si ce n'est plus !

Le IIIe corps arrivait à Orléans le lendemain, pendant que le Xe, cantonné à Blois et à Vendôme, poussait une pointe sur Tours. Quant à la subdivision d'armée, elle fut reportée sur Chartres, d'après les instructions du général de Moltke, sous la dénomination de XIIIe corps.

La division bavaroise établie à Gien avait été battue le 15 décembre par Bourbaki, lequel, en ne poussant pas plus loin, ne sut profiter de son succès. Ce général, habitué aux troupes des belles années de l'Empire, n'avait pas confiance en cette armée improvisée. De l'aveu des Prussiens, avec un peu plus d'audace et mieux renseignés sur la situation de l'ennemi, nous pouvions reprendre Orléans.

Hélas ! personne n'y songeait !

La marche forcée du IXe corps prouve les craintes du Prince Frédéric-Charles et montre l'extrême solidité de ses troupes.

« Le faible corps d'armée de Von der Thann
« qui occupait Orléans, dit le capitaine Von der
« Goltz, ne pouvait résister longtemps à toute l'ar-

« mée française, surtout si l'attaque, venant de
« l'est, était faite par la rive droite de la Loire.
« La reprise d'Orléans aurait eu pour résultat de
« rendre aux Français les pièces de gros calibre
« qu'ils avaient perdues récemment, et de faire
« tomber entre leurs mains des milliers de soldats
« allemands qui gisaient, malades ou blessés, dans
« les hôpitaux. La reprise d'Orléans eût été regar-
« dée par le peuple français comme une grande
« victoire. »

Trêve tacite.

Il se produisit, à ce moment, une sorte de trêve
tacite d'une huitaine de jours. Les Allemands, ayant
beaucoup de malades, avaient eux aussi besoin de
repos. Quelques combats de peu d'importance tenaient les troupes en haleine et donnaient des inquiétudes à l'ennemi. Le général de Moltke donna
l'ordre d'attendre que les forces françaises se fussent réunies en corps assez importants pour marcher contre elles et les détruire. Les Allemands
craignaient de s'user dans la guerre de détail, et
c'était bien, en effet, la seule qu'eussent été capables de faire nos troupes. Le courage ne leur manquait pas, mais elles n'étaient pas assez solides
pour livrer des batailles rangées.

Plan de M. de Freycinet.

Pendant ce temps, le Gouvernement s'occupait activement de la reprise de l'offensive. La première armée de la Loire était réorganisée à Bourges : son effectif atteignait 100,000 hommes avec 300 canons.

Plusieurs plans de campagne furent présentés. Celui de M. de Freycinet l'emporta : la première armée de la Loire serait transportée dans l'Est pour débloquer Belfort et couper les communications des Allemands. Ce plan eût été excellent si nous avions eu du temps devant nous; mais « il « exigeait, à moins d'être exécuté avec une ex- « trême activité et une série de succès ininter- « rompus, un laps de temps que dépassait la « durée possible de la résistance de Paris ».

Chanzy démontra que le départ de Bourbaki permettrait à Frédéric-Charles de reporter toutes ses forces contre la deuxième armée. C'est en vain qu'il insista pour une marche concentrique des deux armées de la Loire et de l'armée du Nord sur Paris : « Les ordres du Ministre étaient for- « mels ; la première armée était engagée dans ses « opérations dans l'Est, le général Faidherbe « continuait son programme dans le Nord, le

« mouvement simultané sur Paris devenait, dès
« lors, inexécutable [1]. »

La deuxième armée, abandonnée à elle-même,
se trouvait condamnée à la défensive. Le départ
de Bourbaki devait lui être funeste, car, à partir
de ce moment, son sort était irrévocablement fixé.

Marche convergente des Allemands sur Le Mans.

Dès les premiers jours de janvier, l'état-major
allemand apprenait la marche de Bourbaki vers
l'est. En conséquence, il ordonna à Frédéric-Charles
de se porter, avec toutes ses forces, contre Chanzy
afin d'en finir avec son armée. Le prince renou-
velle aussitôt la manœuvre qui lui avait si bien
réussi à Orléans et prescrit une marche convergente sur Le Mans pour enserrer son adversaire :
le XIIIe corps, au nord, par la route de Nogent-
le-Rotrou ; le IIIe, au centre, par Saint-Calais avec
le IXe en réserve ; le Xe, au sud, par la route du
Château-du-Loir. Le front et les ailes étaient cou-
verts par quatre divisions de cavalerie. Pendant
cette marche concentrique, ces différentes colonnes se heurtèrent aux troupes françaises et, de
proche en proche, les refoulèrent sur Le Mans.

1. *La deuxième armée de la Loire,* par Chanzy.

Colonnes mobiles.

De son côté, Chanzy n'était pas resté inactif; ses hommes s'étaient refaits et avaient été pourvus d'effets d'hiver. Le Mans, nœud de routes et de voies ferrées, était un centre de ravitaillement très important. Le général en chef avait envoyé, vers la fin de décembre, trois colonnes mobiles, fortes chacune d'une division mixte, pour couvrir la réorganisation de son armée, harceler l'ennemi et mettre nos troupes, pendant un certain temps, à l'abri d'une attaque.

La 1re, au nord, sous Rousseau, marchait vers Nogent-le-Rotrou ; la 2e, à l'est, sous Jouffroy, vers Vendôme; la 3e, au sud-est, sous Curten, vers Château-Renault.

Il dispersait ainsi ses forces qui arriveront exténuées et qui lui manqueront même, en partie, quand sonnera l'heure décisive. Le tiers de nos forces était mobilisé sans grand résultat, tandis que l'ennemi, toujours installé dans des cantonnements spacieux, ne nous présentait qu'un cordon de cavalerie soutenu par de faibles fractions.

Ces colonnes mobiles livrèrent un grand nombre de petits combats dont l'exposé, très intéressant, nous entraînerait trop loin. Dès le 6 janvier, elles se heurtaient aux avant-gardes ennemies qu'elles ne purent malheureusement pas arrêter. Les troupes souffrirent encore plus du dégel et des pluies qui détrempaient les routes, qu'elles n'avaient souffert de la gelée.

En vain, Chanzy envoie-t-il, en hâte, Jauréguiberry pour prendre la direction supérieure des colonnes mobiles et coordonner leurs mouvements. Il est trop tard! Nos colonnes s'étaient fait battre en détail parce qu'elles avaient agi sans liaison; chacune opérait pour son compte.

De toutes parts, on se replie sur Le Mans, sauf la colonne Curten qui, coupée, est rejetée sur La Flèche. Elle a arrêté trop longtemps le Xe corps dont l'entrée en ligne sera tardive, mais elle manquera à Chanzy, le surlendemain, pour défendre La Tuilerie.

Un vent d'ouest fait rage; les fossés sont jonchés d'armes et encombrés de voitures; les routes couvertes à nouveau de fuyards. On y glisse comme sur un miroir, aussi sauve-t-on à grand'peine l'artillerie, car il faut marcher à la tête des chevaux et les pousser à coups de plat de sabre. De Moltke dit dans ses Mémoires que le général Voigts-Retz, commandant du Xe corps, avait pris place sur un coffret d'avant-train; son état-major suivait à pied.

Bataille du Mans.

Le 10 janvier, Chanzy, voyant le grand front occupé par les Allemands et prévenu du retard du Xe corps, ordonna de reprendre vigoureusement l'offensive : « Le mauvais temps est le même pour « les Prussiens que pour les Français ; les géné- « raux doivent se battre avant de reculer ; il ne « faut voir dans les lignes du Mans qu'un dernier « refuge. »

Les corps d'armée de Frédéric-Charles étaient, en effet, en l'air, non reliés entre eux sur un front de 80 kilomètres. Ils eussent couru un sérieux danger si nous avions été en état de tirer parti de leur situation. De Moltke excuse le prince en disant que le général en chef était obligé de se borner à donner des directions générales pour les opéra- tions, et les généraux, commandant en sous-ordre, devaient agir selon leur inspiration personnelle.

Ce mouvement offensif dégagea nos colonnes mobiles compromises ; mais nos corps, contraints de reculer à leur tour, occupèrent, autour du Mans, les positions préparées à l'avance et reçu- rent l'ordre de s'y défendre à outrance.

Les abords du Mans ont été divisés en trois sec- teurs : à l'aile droite, de la Sarthe à l'Huisne, où Jauréguiberry vient d'arriver, sont les mobilisés

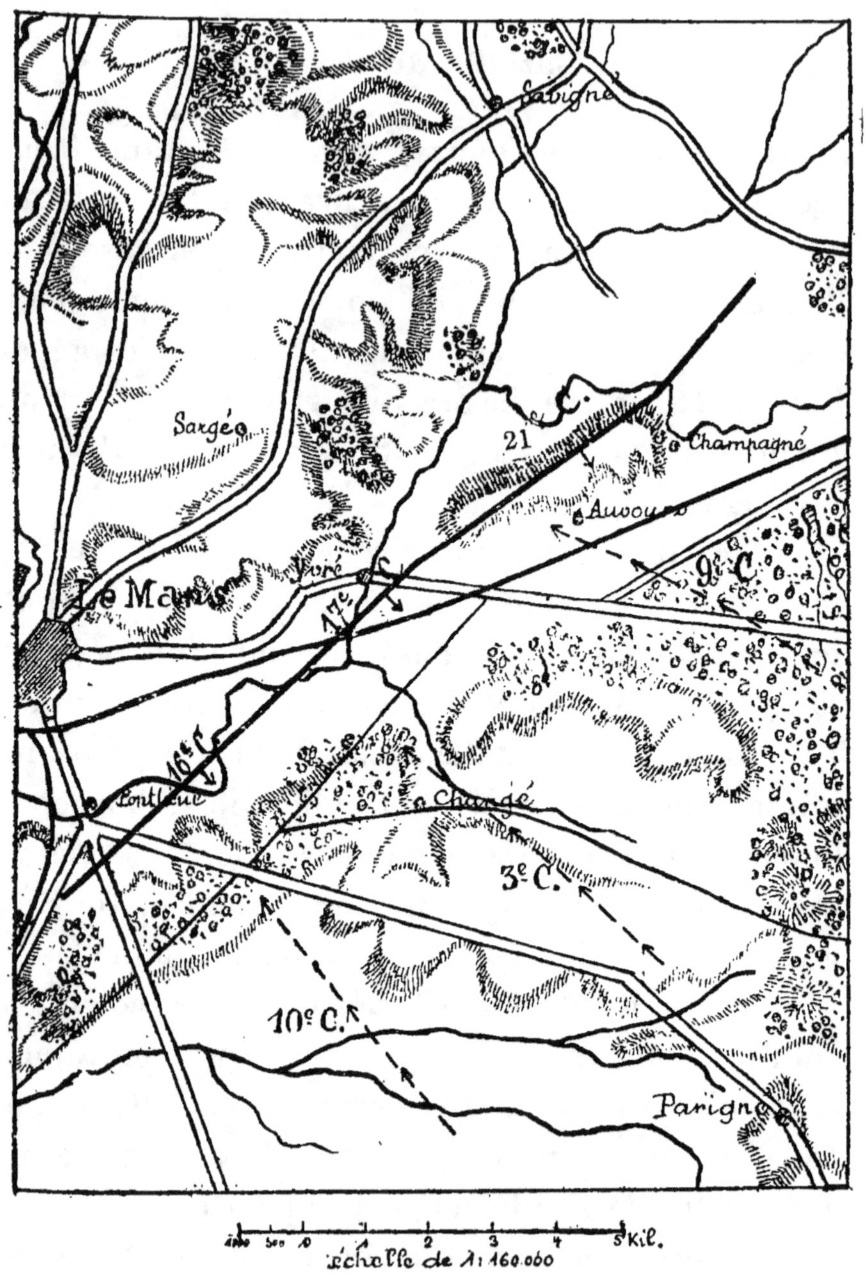

LE MANS (11 janvier 1871).

bretons et le 16ᵉ corps; au centre, le 17ᵉ est au plateau d'Auvours; le 21ᵉ à gauche, de l'Huisne à la Sarthe, avec Jaurès, sur le plateau de Sargé.

Les divisions sont réparties numériquement dans les secteurs suivant l'importance des positions; les corps sont ainsi disloqués, les unités constituées chevauchent d'un secteur dans l'autre et ne sont plus sous les ordres de leurs chefs naturels.

Tous les *impedimenta* sont envoyés sur la rive droite de la Sarthe.

Comment, avec nos troupes, tenir devant les Allemands qui, bien qu'éprouvés, eux aussi, par les fatigues et le froid, avaient conservé la solidité qu'on peut attendre de troupes toujours victorieuses, régulièrement commandées, bien disciplinées et confiantes dans leurs chefs?

Cependant, Chanzy ne désespère pas. Il a dicté des ordres inflexibles, car il veut défendre les positions coûte que coûte, sans arrière-pensée de retraite : l'accès du Mans est interdit aux officiers et à la troupe; la cavalerie, placée en arrière, doit ramener les fuyards au feu, et s'ils bronchent, les fusiller..... Les généraux seront personnellement responsables de l'évacuation des lignes défensives; les chefs de corps cassés, s'ils ne maintiennent leurs hommes au feu; le général en chef, autorisé par Gambetta, récompensera sur le champ de bataille tous les dévouements, de même qu'il réprimera toutes les défaillances. Enfin, pour que tous sachent qu'il faut résister à outrance, vaincre ou mourir, Chanzy n'hésite pas à faire savoir que si l'armée se débande, il saura la contraindre à faire face en faisant couper les ponts.....

A l'aube du 11, le général en chef, suivi de son état-major et de son escorte de spahis aux longs burnous rouges, va inspecter, quoique souffrant de la fièvre, les positions où son armée exténuée s'est arrêtée la veille. Elle a couché sur ces champs blancs de neige, sans même dresser de tentes, au milieu des canons boueux et des chevaux fourbus !

La ville du Mans, bâtie sur la Sarthe, au confluent de l'Huisne, est dominée vers l'est, par des collines élevées. On ne peut la défendre, de ce côté, qu'en occupant les deux rives de l'Huisne, le dos à la Sarthe. Des batteries et des tranchées existaient en grand nombre au plateau de Sargé. On avait fait de nombreux abatis et pratiqué des coupures sur les routes. En raison de la nature du terrain, très boisé et très accidenté, la cavalerie et l'artillerie ne joueront qu'un rôle secondaire. C'est l'infanterie qui va supporter, à peu près seule, tout le poids de la lutte.

La bataille ne fut engagée que vers onze heures. Les Allemands avaient pour principe de ne point se mettre en marche sans avoir fait prendre aux hommes un repas substantiel. Ils leur distribuaient

aussi, très abondamment, du vin et de l'eau-de-
vie.

Le général Gougeard à Auvours.

Au nord, Jaurès, tenant toujours à Pont-de-
Gennes, empêchait le Grand-Duc de donner la
main à Frédéric-Charles qui était engagé contre le
17ᵉ corps.

Au centre, nous avions perdu Champagné, puis
le plateau d'Auvours. De là, les Allemands pouvaient descendre au Mans, nous couper en deux et
barrer la retraite. Aussi, Chanzy ordonna-t-il de
ressaisir le plateau à tout prix. Le général de
Colomb, commandant le 17ᵉ corps, appelle à lui le
général Gougeard qui commandait, à titre auxiliaire, une division de mobilisés, et lui demande,
au nom du salut de l'armée, de le reconquérir.

Gougeard fait braquer, contre les fuyards de la
division Pâris qui dévalent du plateau, deux canons
chargés à mitraille. Comme de Sonis à Loigny, il
rallie les zouaves pontificaux avec les mobilisés
bretons, et se met à la tête de cette petite troupe,
l'épée à la main en criant : « Allons, en avant !
« Pour Dieu et pour la Patrie ! Le salut de l'ar-
« mée l'exige ! »

La colonne gravit les pentes sous une grêle de
balles, les rangs s'éclaircissent, le chemin parcouru
est jonché de morts et de mourants : le général

Gougeard tombe de son cheval qui est percé de six balles, deux autres traversent ses vêtements et un éclat d'obus fait voler son képi. Rien n'arrête ces braves qui marchent toujours au son de la charge et au cri de : « *Vive la France !* » A quatre heures le plateau est reconquis et la ligne française s'y maintient en dépit des efforts tentés pour le reprendre.

Cette fois encore, le Prussien sut ce qu'était la baïonnette française maniée par des gens de cœur ! « Les volontaires de l'Ouest se sont montrés hé-« roïques », écrit le général Chanzy. « Ce sera pour « moi un éternel honneur d'avoir commandé à de « pareils hommes », a écrit le général Gougeard.

Pour récompenser l'admirable bravoure de tous dans la personne de leur chef, Chanzy le nomma commandeur de la Légion d'honneur et lui donna l'accolade sur le champ de bataille.

« Cette charge glorieuse doit donc être citée à « l'égal des plus brillants faits d'armes de nos an-« ciennes armées. Il a passé là, sur ce coin de « terre à jamais sacré, un souffle puissant de pa-« triotisme et de vertu guerrière dont le souvenir « console et rend moins amère la triste constata-« tion du désastre final. Ce sont ces rayons de « gloire allumés çà et là, à travers le ciel sombre « de nos défaites, qui nous donnent le courage « d'en parler et d'y penser encore pour y puiser

« la force nécessaire aux luttes de l'avenir[1]. »

Malheureusement, Champagné, au pied des pentes, resta aux Allemands. Le général Gougeard avait mis, pour défendre ce village, des mobilisés commandés par un ancien lieutenant démissionnaire, le colonel Bel, avec mission de tenir jusqu'au bout. « Je donnai l'ordre écrit au colonel « Bel de barricader les rues, de créneler les maisons et les murs du cimetière, de s'établir solidement et de s'y défendre jusqu'à la mort. »

Le colonel Bel obéit; car, lorsque les soldats de Frédéric-Charles entrèrent dans le village, ils durent franchir son cadavre, étendu dans la rue, à hauteur des premières maisons.

A l'aile droite, le 16e corps s'était maintenu sur ses positions lorsqu'à la tombée de la nuit, une extraordinaire aventure vint compromettre le demi-succès de la journée. A six heures et demie, l'avant garde du Xe corps débouchait par la route de Tours et enlevait résolument le Point-du-Jour et les Mortes-Aures. De même qu'à Rezonville, il arrivait à l'appui du IIIe corps.

Au milieu de l'obscurité, une compagnie prussienne, commandée par le lieutenant de Casimir, s'avance au centre de La Tuilerie et arrive, peu à peu, près des défenseurs. Ceux-ci étaient des mo-

1. Rousset.

bilisés, sans instruction, qui avaient quitté quelques jours auparavant le camp boueux de Conlie et qui avaient été placés là, au dernier moment, pour remplacer la division Curten non arrivée. Croyant la bataille terminée, il préparaient la soupe. « Bas les armes », crie le lieutenant prussien. Une folle terreur s'empare d'eux et ils se sauvent vers Le Mans sans tirer un coup de fusil.

La position de La Tuilerie, déjà forte par elle-même, était cependant renforcée par un dispositif de tranchées-abris procurant des feux étagés. Les Allemands ne se décidèrent à l'attaquer de front qu'après avoir appris de paysans qu'elle avait pour défenseurs des mobilisés. Leur bataillon de tête n'eut à tirer ni à recevoir un seul coup de fusil. Une fois maîtres de la position, vers huit heures et demie du soir, il s'y intallèrent en force et bravèrent tout retour offensif.

Jauréguiberry rallie ce qu'il peut et le lance dans la nuit pour reconquérir La Tuilerie. Ses soldats, épuisés, qui s'étaient si bien conduits pendant la journée, se couchent, tirent en l'air ou fuient. La débandade s'étend, gagne les troupes voisines; le 16ᵉ corps ne forme plus qu'une cohue sans nom autour de Pontlieue. Le 17ᵉ abandonne à son tour le plateau d'Auvours. Notre ligne, si elle ne recule, est exposée à être coupée en deux.

Tandis que l'armée allemande, terriblement éprouvée, se maintenait encore, notre armée improvisée, faute d'endurance morale, se dissolvait de toutes parts.

Chanzy voulait résister dans la matinée du 12 ; mais, Jauréguiberry lui faisant savoir qu'une « prompte retraite lui semblait *impérieusement* « commandée », il donna, en pleurant de rage, le « plus douloureux de tous ses ordres : « Le cœur « me saigne, répondit il, mais quand vous, sur qui « je compte le plus, vous déclarez la lutte impossi- « ble et la retraite indispensable, je cède. » « Sau- « vons du moins l'honneur » écrivit-il, à Gougeard en le chargeant de tenir le plus possible sur ses positions pour éviter un désastre.

Frédéric-Charles, ignorant le succès de sa gau-che, croyait à une nouvelle journée de lutte. On dit, même, qu'il eut un instant l'idée de se retirer. Voigts-Retz seul, avec le Xe corps, poursuivit les fuyards dans les rues du Mans où le combat fut ter-rible. La retraite fut protégée, avec un admirable dévouement, d'abord par la brigade Jobey, qui ré-sista jusqu'à deux heures, puis par un régiment de gendarmes à pied, soutenu de deux mitrail-leuses.

Aussi, malgré l'effroyable désordre sur les ponts minés, l'engouffrement fou dans la gare que les isolés prenaient d'assaut, jetant les blessés sur les voies pour s'empiler à leur place dans les wagons, pendant que le dernier train s'éloignait sous une grêle de projectiles, que 50,000 fuyards étaient répandus sur les routes, l'armée échappait à une ruine totale.

Enfin, un brouillard très épais avait heureusement favorisé notre retraite.

A quoi avait-il tenu que la bataille du Mans ne fût une victoire?

Le succès des Allemands était dû à l'initiative heureuse de Voigts-Retz qui, malgré l'ordre du Prince, ne se rapprocha pas du IIIe corps, faisant ainsi tomber nos lignes de défense, et à l'absence des troupes un peu aguerries du général Curten si malheureusement en retard.

A deux heures et demie, Chanzy quittait la ville et, le cœur serré de tristesse, des larmes de rage dans les yeux, surveillait, du mamelon de la chapelle Saint-Aubin, le défilé lent et confus de ses colonnes. Jaurès se chargeait de disputer âprement le terrain et couvrait la retraite des 16e et 17e corps.

L'armée de Frédéric-Charles avait occupé un front de 36 kilomètres et ses corps n'étaient pas reliés entre eux. Les XIIIe et X^e, aux deux ailes, marchèrent avec lenteur et arrivèrent en retard. Le IXe, en réserve, resta longtemps éloigné. Le IIIe seul s'était fortement engagé au centre où il était, cependant, bien isolé.

« Le manque d'unité d'action fit échouer le plan
« du prince Frédéric-Charles : il en sera de même
« toutes les fois que, pour un motif ou pour un
« autre, il y aura difficultés de communications
« entre les colonnes agissantes et trop grande ex-
« tension du front [1]. »

L'occupation du Mans, qui livra aux Allemands
un riche matériel de guerre, immobilisait pour
longtemps les efforts de Chanzy en vue de son rapprochement de Paris.

Quatrième retraite vers la Mayenne.

Chanzy, indomptable, ne désespérait pas encore.
Il proposa de se porter vers le Nord, sur Alençon,
où il comptait rallier le 19e corps pour tenter
ensuite une marche hardie sur Paris. Cette fois,
Gambetta trouva son général trop audacieux et lui
ordonna, avec raison, de diriger la retraite sur la
Mayenne, car il ne voulait pas s'exposer à aventurer l'armée principale de la Défense.

Cette dernière retraite donna lieu à quelques
combats honorables dont les plus importants furent ceux de Sillé-le-Guillaume, soutenu par le
17e corps, et de Saint-Jean-sur-Erve, par le 16e,
le 15 janvier.

1. Canonge.

Le même jour, le Grand-Duc occupait Alençon après un engagement contre les francs-tireurs du colonel Lipowski. Le 17, l'armée tout entière était réunie derrière la Mayenne entre Laval et Mayenne. Mais les Allemands cessèrent la poursuite, le grand état-major ayant décidé qu'on attendrait la chute de Paris pour reprendre la marche vers l'Ouest.

Avec l'armée de la Loire s'évanouissait la grande et suprême ressource de la Défense Nationale !

« En cinq mois, dit le général Chanzy, elle avait
« reculé de 50 lieues ; mais l'ennemi l'avait tou-
« jours trouvée devant lui et la laissait entière,
« debout et les armes à la main, au moment où
« se signait la paix. »

Dernier effort.

Renforcée par le 19e corps à sa gauche, elle comptait 150,000 hommes après dix jours de repos. Chanzy était prêt à reprendre l'offensive lorsqu'on lui notifia les conventions de l'armistice du 28 janvier. Elle servit en grande partie, triste épilogue, à former l'armée de Versailles qui écrasa la Commune de Paris.

« Le monument d'Auvours, sous lequel Gou-
« geard repose au milieu de ses braves, nous rap-
« pelle les souffrances et l'héroïsme d'un grand
« peuple qui succombe sous le poids de ses fautes ;

« la statue de Chanzy, sur la place du Mans, ex-
« prime magistralement la virilité de ce peuple
« dans le malheur [1]. »

1. *Armée et Marine*. Janvier 1904.

TITRE III.

ARMÉE DU NORD.

La résistance en Normandie et dans le Nord.

Le 19 septembre, Paris était investi par les Prussiens, et la région du Nord isolée, séparée du reste de la France, formait un théatre d'opérations distinct. Quelques rassemblements de troupes s'y étaient formés pour s'opposer à l'envahissement.

En Normandie, nos forces ne s'élevaient qu'à 20,000 hommes sous les ordres du général Briand et leur organisation était plus que précaire. Quelques escarmourches seules auront lieu jusqu'à la fin de novembre.

Dans le Nord, au contraire, M. Testelin, médecin à Lille, fut nommé Commissaire général de la Défense nationale le 30 septembre. Muni de pleins pouvoirs par Gambetta, il organisa sérieusement la résistance.

Bien que ses attributions ne fussent que vaguement définies, il sut imposer son autorité en l'exerçant avec discernement, sans s'immiscer dans le détail des questions militaires qui échappaient à sa compétence. En raison des difficultés qui s'oppo-

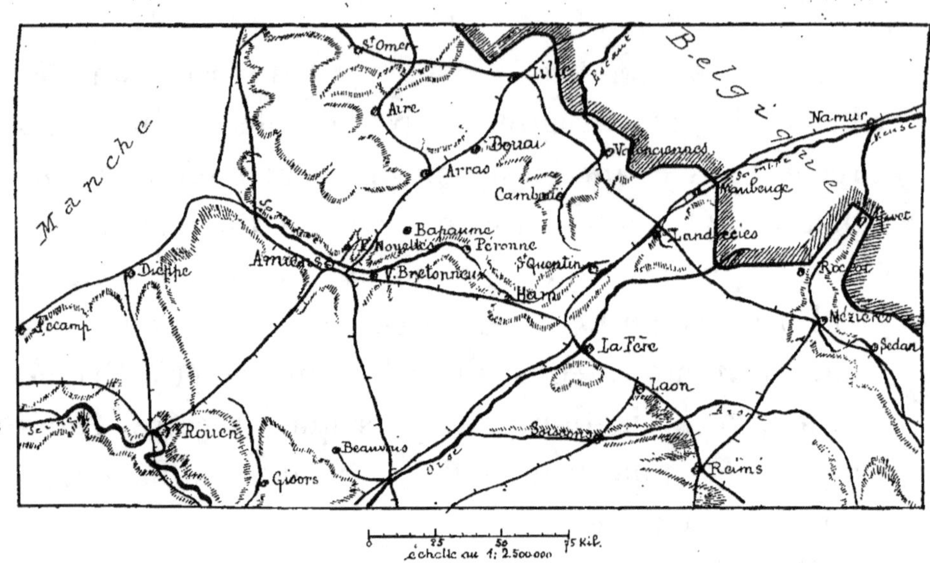

ARMÉE DU NORD.

saient à la création d'une armée dans le Nord, M. Testelin s'adressa au colonel Farre, directeur des fortifications à Lille, dont le savoir et l'activité allaient donner une vigoureuse impulsion à l'organisation entreprise. C'est ainsi qu'on créa les différents éléments d'une armée, mais on ne songeait pas encore à les grouper pour les utiliser en rase campagne.

Premiers combats.

Dès son arrivée à Paris, le 17 septembre, le grand état-major allemand, apprenant que quelques forces françaises se rassemblaient vers Lille, Amiens et Rouen, détacha, dans cette direction, deux divisions de cavalerie, soutenues par quelques bataillons, pour couvrir l'investissement et étendre la zone d'approvisionnements. D'un autre côté, les autorités militaires ou locales ayant pris des mesures pour limiter les progrès de l'invasion, quelques petits combats en furent la conséquence.

Dans ces divers engagements les gardes mobiles, les gardes nationaux, les francs-tireurs, mal armés, sans cadres et sans instruction, ne pouvaient, malgré leur bonne volonté, résister à l'ennemi toujours pourvu d'une bonne artillerie.

Les premiers combats furent livrés par ces troupes, qui furent le noyau de la vaillante armée du

Nord. Nos braves petits soldats, recrues ou mobiles, tombèrent sans jamais avoir connu l'enivrante caresse de la victoire! Presque toujours, malgré des succès partiels, la défaite fut leur lot...

L'œuvre des généraux Bourbaki et Farre.

Le 22 octobre, le général Bourbaki fut nommé au commandement des forces actives de la région du Nord. Son opinion, après avoir parcouru les différentes villes et s'être rendu compte des ressources dont il disposait, fut que nous ne pouvions nous défendre que dans les places fortes :

« Je ne vois pas quelle opposition sérieuse pour-
« ront faire mes 12,000 hommes à l'envahissement
« de nos contrées. Il ne nous restera donc qu'à
« nous renfermer dans nos places et à nous y
« défendre courageusement. Matériel, munitions,
« cadres, instruction, tout nous manque, écrivait-il
« au Ministre de la Guerre, nous n'avons que du
« patriotisme. »

Néanmoins, il poursuivit et compléta l'organisation entreprise par le général Farre, avec le concours d'officiers d'élite. L'arrivée de nombreux officiers, de sous-officiers et même de soldats évadés de Metz ou de captivité lui permit de résoudre la plus grande difficulté, celle de la constitution des cadres.

Citons, parmi les officiers généraux, Lecointe, Derroja, Dufaure du Bessol; et parmi les officiers supérieurs, Pittié, Tramond, Zédé, Giovanninelli. N'oublions pas celui en qui la France devait trouver plus tard un grand général, le capitaine de Négrier, du 2e bataillon de chasseurs à pied, aujourd'hui général, inspecteur d'armée, membre du Conseil supérieur de la guerre. 279 officiers, incorporés dans l'armée du Nord, en fournirent les meilleurs éléments et lui donnèrent ainsi une certaine consistance.

Bourbaki n'avait pas tort en attendant, pour concentrer ses forces, que leur organisation fût complète. Mais « son expérience n'était secondée « ni par l'espoir du succès, ni par la volonté « d'agir et de vaincre ». En raison de sa mission mystérieuse en Angleterre, auprès de l'impératrice, il inspirait peu de confiance à une partie de la population et compliquait cette situation difficile par son désaccord avec les autorités civiles. Enfin, il se « *hâtait lentement* », quand le Gouvernement désirait une offensive immédiate. Par décision de Gambetta, en date du 18 novembre, il était appelé au commandement du 18e corps d'armée, à Nevers, et remplacé par le général Faidherbe.

Formation du 22e corps.

Le général Farre, commandant par intérim, poussa activement l'organisation. Il réunit en peu de temps tous les éléments disparates dont on disposait pour en former le 22e corps d'armée, à trois brigades, commandées par Lecointe, Derroja et Dufaure du Bessol. Il était composé de 20,000 hommes d'infanterie, venus des dépôts, et de 25,000 mobiles, à peine habillés et équipés, sans instruction militaire, armés de fusils de divers modèles. Chaque brigade comptait 1 bataillon de chasseurs à pied, 1 régiment d'infanterie à 3 bataillons de marche, 1 régiment de mobiles et 2 ou 3 batteries péniblement mises sur pied. Le train régulier ne disposait d'aucun matériel important. Il fallut avoir recours aux transports auxiliaires, requis par l'autorité civile, chaque fois qu'on marcha à l'ennemi. Deux escadrons de dragons et deux escadrons de gendarmes furent toute la cavalerie de cette armée.

Celle-ci n'a pas eu, par le nombre, la même importance que les autres armées de la République; mais elle s'est fait remarquer par sa forte organisation, par sa discipline et par l'excellent esprit dont elle a été animée. Aussi, a-t-elle rendu des services signalés au pays dans la grande œuvre de résistance entreprise. Il est vrai qu'elle n'a pas couru les mêmes dangers que les autres armées de province, le réseau des places du Nord lui ayant toujours assuré une sécurité relative.

Faire une armée avec de pareilles ressources était une lourde tâche pour les généraux Bourbaki et Farre. Leur meilleur titre de gloire sera de l'avoir accomplie.

Offensive du général de Manteuffel.

Ce noyau d'armée était à peine créé, que la capitulation de Metz permettait au général de Moltke d'envoyer la première armée dans le Nord, tandis que la deuxième allait opérer contre l'armée de la Loire. Après avoir vu le prince Frédéric-Charles aux prises avec les généraux d'Aurelle et Chanzy, nous allons étudier les opérations du général de Manteuffel contre l'armée du Nord.

En apprenant l'arrivée d'une armée allemande, le général Farre prit la résolution de concentrer toutes ses forces aux environs d'Amiens. Beaucoup d'hommes, hélas, savaient à peine tenir un fusil!

La brigade Paulze d'Yvoy, forte de 8,000 hommes environ, qui constituaient la garnison d'Amiens, couvrit la ville en se fortifiant au nord de Dury. La brigade Derroja occupa Longueau. La brigade Dufaure du Bessol s'établit à Gentelles, à Cachy et à Villers-Bretonneux. La brigade Lecointe resta en réserve.

Le général de Manteuffel, parti de Metz le 7 novembre, avec le Ier corps bavarois, le VIIIe prussien et la 3e division de cavalerie, avait pour mission de disperser les rassemblements signalés dans le Nord et de couvrir, de ce côté, l'investissement de la capitale. Des forces françaises lui ayant été signalées à Lille et à Rouen, il voulut empêcher leur jonction et les disperser avant que cet embryon d'armée eût pris plus de consistance, c'est-à-dire avant la concentration complète. A cet effet, il se dirigea sur Amiens, point de jonction probable qui lui assurait, en outre, le passage de la Somme et le chemin de Rouen.

Bataille d'Amiens.

Le 25 novembre, la Ire armée allemande, marchant sur deux colonnes, prenait le contact avec l'armée du Nord. Le front occupé par les deux corps prussiens et bavarois était trop grand. De Manteuffel croyait que les Français se borneraient à défendre les abords immédiats d'Amiens; aussi, ne prévoyant la bataille que pour le 28, il n'avait pas, en temps utile, concentré son armée. Le VIIIe corps marchait sur Dury, laissant entre

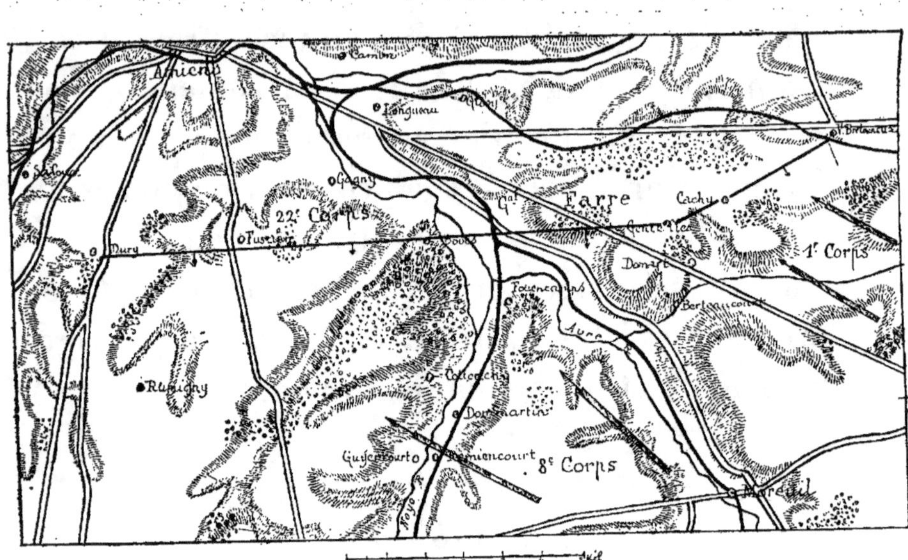

AMIENS (27 novembre 1870).

lui et le Ier bavarois un vide de 4 kilomètres, qui eût pu être fatal à l'armée allemande.

Il est vrai que les généraux allemands affectaient un certain mépris pour les troupes de nouvelle formation, et la bataille de Coulmiers, loin de les convaincre, leur avait causé un dépit qu'ils désiraient effacer. Remarquons aussi que la cavalerie allemande, tant vantée, ne semble pas avoir montré, dans les plaines du Nord, une activité suffisante pendant cette marche.

Le 27 novembre, eut lieu la bataille d'Amiens ou de Villers-Bretonneux. La position occupée par le général Farre était bonne, mais le front avait été très exagéré. En voici la raison : il s'étendait dans les villages pour y cantonner, au lieu de camper sous la tente. Ce mode de stationnement sera toujours employé dans les riches contrées de la Picardie, de l'Artois et de la Flandre où les grands villages sont si nombreux. Nous avons vu que, pour compenser la faiblesse de sa ligne, le général Farre avait renforcé sa droite par des travaux de fortification de campagne, organisation défensive due à la brigade Paulze d'Yvoy. Néanmoins, Manteuffel n'ayant pas réussi à combler le vide qui existait entre ses deux corps, son front de bataille exagéré dépassa le front de l'armée française.

A notre droite, le VIIIe corps échoua contre nos retranchements ; mais, du côté opposé, le Ier corps, plus heureux, nous enlevait quelques villages. Gentelles, d'abord perdu, fut repris, et la brigade du Bessol, par de vigoureux retours offensifs, refoula les assaillants. Le général du Bessol fut blessé après avoir eu un cheval tué sous lui. Des essaims nombreux de tirailleurs réussirent à contenir l'ennemi jusqu'au moment où, notre artillerie manquant de munitions, l'infanterie allemande s'empara de Villers-Bretonneux. La tenue des mobiles fut déplorable : ils s'enfuirent, jetant à terre musettes, paquets de cartouches, objets d'équipement, et entraînèrent les troupes de ligne qui furent repoussées jusqu'au pont de Corbie, laissant ainsi à découvert la ville d'Amiens. La perte de nos différents points d'appui détermina notre retraite, qui s'effectua pendant la nuit. Le lendemain, les Allemands, qui s'attendaient à une nouvelle bataille, constatèrent que nous étions déjà loin. Les ponts sur la Somme avaient été coupés, ils ne purent nous poursuivre. Du reste, ils avaient éprouvé des pertes énormes. La cavalerie victorieuse ne parvint pas à découvrir la direction suivie par les Français. Nos troupes de ligne opérèrent leur retraite en bon ordre, mais une partie des gardes mobiles et quelques officiers se débandèrent à la suite d'une panique et s'en retournèrent isolément chez eux.

A cette première bataille, l'ennemi avait dû

évacuer Gentelles, et le Ier corps faillit être séparé du VIIIe. Mais les munitions manquaient et l'état moral de l'armée ne permettait plus de compter sur le renouvellement des efforts de la veille.

Manteuffel avait dispersé ses forces. Il les avait engagées à l'aveugle, sans connaître ni les emplacements, ni les effectifs de son adversaire. Il s'était laissé mener par les événements au lieu de les diriger.

De son côté, le général Farre, en occupant un front démesuré, s'exposait à un désastre. C'est grâce aux dispositions défectueuses prises par Manteuffel qu'il put sauver son armée sans trop de pertes.

La bataille d'Amiens était très honorable pour une armée si rapidement formée. Les Allemands croyaient avoir eu affaire à de vieux soldats; les livrets trouvés sur les morts leur prouvèrent que ces derniers n'étaient au service que depuis quelques semaines. L'artillerie s'était montrée relativement bonne; le 22e corps n'avait pas laissé un seul canon aux mains de l'ennemi. Enfin, la cavalerie ne gêna même pas la retraite de notre armée, qui se retira sous les murs d'Arras pour s'y reformer.

Manteuffel se contenta d'occuper Amiens dont la citadelle capitula le lendemain, aussitôt après que son commandant, le capitaine Vogel, eut été tué sur les remparts. On a reproché, avec raison, au général Farre de n'y avoir laissé, pour la défendre, que des gardes mobiles. Ceux-ci, presque tous enfants de la ville, ne pouvaient diriger leur feu sur leurs propres demeures.

Un riche matériel d'artillerie encore intact fut abandonné à l'ennemi qui s'en servit, un mois après, pour bombarder Péronne. La place de La Fère ayant été prise au passage, la ligne de la Somme, moins Abbeville et Péronne, était donc au pouvoir des Allemands.

Opérations en Normandie.

Tranquille de ce côté, Manteuffel, ne laissant à Amiens qu'une brigade d'infanterie et une de cavalerie, poursuivit le but principal de ses opérations. Il dirigea sur Rouen la masse de la première armée.

Les troupes de Normandie essayèrent d'opposer quelque résistance à l'envahisseur. Mais le général Briand n'avait que 22,000 hommes avec 32 canons, et l'organisation de son armée n'était pas de nature à inspirer des craintes sérieuses aux Allemands. Ceux-ci crurent néanmoins, durant toute la campagne, que les troupes de Normandie étaient très importantes. Bref, après avoir livré une série de petits combats aux environs de Bu-

chy, d'Etrepagny et sur l'Andelle, elles se retirèrent en désordre sur Rouen. La municipalité voulait résister à outrance; mais la foule, se croyant
trahie, assiégeait la mairie et tirait des coups de
fusil sur les fenêtres. « C'est trop, disait le parle-
« mentaire prussien au Conseil, c'est trop, d'avoir
« à la fois l'invasion étrangère et la révolution. »

Cette ville subit le destin d'Amiens, et l'armée
de Normandie le destin de l'armée du Nord. L'ennemi trouva à Rouen d'énormes approvisionnements. Nos troupes se replièrent sur Honfleur,
d'où on les transporta au Havre.

Dès son entrée à Rouen, le 5 décembre, le général de Manteuffel fit rayonner dans les dépar-
tements de l'Eure et de la Seine-Inférieure des
colonnes mobiles avec mission de désarmer les
habitants, de rançonner les villages et de dissiper
les rassemblements de troupes. Il essaya même de
prendre Le Havre, qui était heureusement à l'abri
d'un coup de main. Les Prussiens convoitaient ce
grand port de commerce, où ils auraient voulu
saisir le matériel de guerre venu d'Amérique pour
armer nos troupes. Le VIIIe corps poussa jusqu'à
Dieppe, qu'il occupa le 14 décembre.

A ce moment, le général en chef constitua deux
groupes reliés par le chemin de fer : le premier,
occupait Rouen et surveillait Le Havre; le second,
à Amiens, gardait les bords de la Somme. Il pou-

vait concentrer alternativement la masse de ses forces contre ses deux adversaires. Il apprit, sur ces entrefaites, la marche offensive de l'armée du Nord, et il fut obligé de suspendre ses opérations pour se porter, vers la Somme, au secours de Von Gœben.

Le général Faidherbe.

C'est que l'armée du Nord avait à sa tête le général Faidherbe, capable de résister aux meilleurs capitaines de l'Allemagne. Ce général s'était distingué au Sénégal, où il avait accru le domaine de la France de 200 lieues de côtes et planté le drapeau tricolore à 260 lieues de l'embouchure du Sénégal.

Il était général de brigade à Bône lorsque les républicains de Lille, ses compatriotes, le signalèrent à la Délégation en assurant qu'il était « très « bon au point de vue politique ». Le Gouvernement le nomma général de division et le plaça à la tête de l'armée du Nord. Peu de choix furent plus heureux.

Un long séjour aux colonies avait altéré sa santé; mais il mit au service du pays une âme fortement trempée et la volonté de tout sacrifier à ses devoirs. Pour peindre la ténacité avec laquelle Faidherbe s'attachait au sol national, reparaissant toujours aux points d'où on avait cru le chasser, les Allemands l'appelaient « *ce chiendent de Faidherbe* ». Aucun surnom ne fut plus mérité, ni plus honorable.

Le 3 décembre, en prenant possession de son commandement, le général en chef réclama de son armée « la discipline, l'austérité des mœurs « et le mépris de la mort ».

Faidherbe fit le genre de guerre qu'il avait pratiqué avec tant de succès au Sénégal et qui consiste à fatiguer un ennemi supérieur en nombre, à l'attirer à soi, à ne le frapper qu'à coup sûr, à lui échapper pour revenir à la charge et à suivre un système d'attaques et de trêves alternées, propre à la fois à aguerrir les soldats et à les reposer de leurs fatigues. Très habile a manier les troupes, à beaucoup obtenir d'elles, à combiner l'action des diverses armes, il donna à son armée des preuves de sa haute capacité en prenant l'offensive et en battant les Prussiens.

Nouvelle organisation.

Le nouveau chef de l'armée du Nord avait profité du temps de répit qui lui était laissé pour réorganiser son armée. Le nombre de batteries s'était accru; on recevait chaque jour de nouveaux bataillons de marche ou de mobiles. Les contingents de la garde nationale mobilisée commençaient à se réunir. Ces derniers formèrent la division Robin, à l'armement hétérogène et dont l'habillement et l'équipement laissaient encore plus à désirer. Ces soldats improvisés étaient jetés trop tôt devant l'ennemi; ils ne pouvaient qu'y faire triste figure. Il eût été préférable de les amalgamer avec les mobiles, ou avec l'armée active.

Faidherbe forma deux corps d'armée avec ses 3o,ooo hommes :

Le 22ᵉ, sous le général Lecointe;

Le 23ᵉ, commandé par le général Paulze d'Yvoy.

Cette organisation rendait, il est vrai, l'armée plus maniable; mais elle avait l'inconvénient de multiplier les états-majors au moment où les cadres faisaient défaut.

Dès le 8 décembre, jugeant son armée suffisamment prête, il prit l'offensive pour dégager Le Havre et arrêter les progrès des Allemands en Normandie. Les débuts furent heureux. Le général Lecointe enleva par surprise aux Prussiens la ville et le château de Ham, et leur fit 2io prisonniers. De là, le gros de l'armée se porta devant La Fère pour menacer la route de Paris. Mais cette place étant bien gardée, Faidherbe suivit la rive gauche de la Somme pour se porter vers Amiens. A son approche, le général allemand s'empressa d'évacuer la ville tout en laissant une garnison dans la citadelle. Le capitaine qui la commandait eut soin de faire savoir qu'il bombarderait Amiens si l'armée française y rentrait.

Bataille de Pont-Noyelles ou de l'Hallue.

Faidherbe, prévenu de l'approche de Manteuffel, se résigna donc à repasser la Somme, le 17, pour aller prendre position sur les hauteurs de la rive gauche de l'Hallue, à 10 kilomètres au nord-est d'Amiens.

L'état-major allemand, ému de son offensive, s'était hâté d'expédier vers Compiègne et Saint-Quentin des détachements tirés de l'armée de blocus. De son côté, Manteuffel, laissant provisoirement à Rouen la majeure partie du Ier corps, se porta rapidement sur Amiens avec le VIIIe corps. Il ne faisait qu'exécuter l'ordre du général de Moltke prescrivant de fondre sur toute armée qui se déploierait en rase campagne.

L'armée du Nord occupait, dès le 19, les hauteurs de la rive gauche de l'Hallue, sa droite appuyée à un coude de la rivière, sa gauche à la Somme dont tous les ponts avaient été détruits. Elle était disposée sur deux lignes : le régiment de marche de chaque brigade en première ligne, celui de mobiles en deuxième. La garde nationale mobilisée formait réserve derrière l'extrême droite.

La rivière de l'Hallue forme une bonne ligne de défense allant du nord au sud, La profondeur et la nature de son lit, ainsi que sa vallée marécageuse, en font un obstacle assez difficile à franchir. De nombreux villages, situés le long de ses bords, constituaient de solides points d'appui. Ces postes avancés devaient user les troupes allemandes qui auraient ensuite à aborder la ligne des hauteurs. Il est regrettable qu'ils aient été évacués trop tôt.

C'est là que Manteuffel vint nous attaquer avec 25,000 hommes et 108 bouches à feu, tandis que nous n'avions que 78 pièces.

Les Allemands nous enlevèrent les villages occupés par nos troupes de première ligne, mais ils ne purent prendre pied sur les hauteurs de la rive gauche où tous leurs assauts échouèrent. Une division chargée de déborder notre aile droite vint se heurter sur le front, parce qu'elle n'avait pas fait reconnaître notre point d'appui extrême; elle fut également repoussée. Quelques postes avancés, perdus dans la journée, furent même repris le soir quoique les Allemands aient chargé nos jeunes soldats à l'arme blanche. Ceux-ci surent garder Bavelincourt et y défièrent tout retour offensif de l'ennemi. Notre armée, après avoir montré de la vigueur dans l'attaque, faisait preuve de ténacité dans la défense. Faidherbe fit comprendre à ses

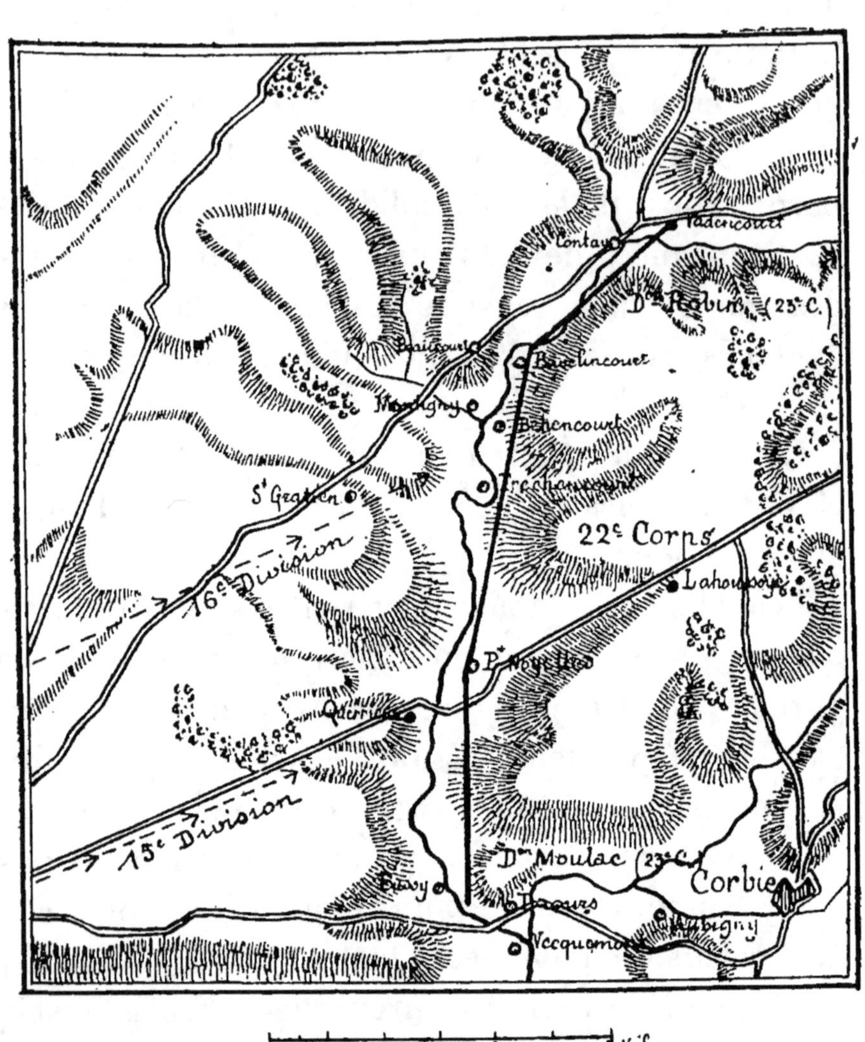

PONT-NOYELLES (23 décembre 1870).

soldats que, pour marquer notre succès, il fallait coucher sur le champ de bataille. Nous bivouaquâmes donc sur les positions occupées par un froid de 7 à 8° au-dessous de zéro, sans bois pour allumer du feu et avec du pain gelé pour tout aliment.

« Cette cruelle épreuve fut supportée avec une
« patience et une abnégation qu'on ne saurait
« assez admirer et qui font autant d'honneur à
« nos jeunes soldats que leur courage devant le
« feu de l'ennemi[1]. »

Celui-ci, au contraire, s'installait en cantonnement d'alerte dans les villages de la vallée où il se couvrait par des travaux de fortification.

Mais ces combats et la nuit passée au bivouac avaient épuisé nos jeunes troupes. Faidherbe, sachant que de pareils efforts ne se prolongent pas impunément avec des soldats improvisés, se décida à rétrograder pour cantonner son armée à l'abri des places fortes et lui donner un repos indispensable. Dans la matinée du 24, quelques tirailleurs jetés sur la rive droite de l'Hallue et quelques volées de canon masquèrent notre mouvement et facilitèrent notre retraite qui s'effectua dans un ordre parfait. On n'eut à souffrir que des rigueurs de la température : la bise cinglait les visages, des glaçons pendaient à toutes les barbes.

1. Faidherbe.

La vaillante armée du Nord avait tenu tête aux Prussiens à Pont-Noyelles et sauvé Le Havre par son heureuse diversion ; elle ne pouvait songer à faire plus pour le moment.

Siège de Péronne.

Après cette retraite, Manteuffel fit entreprendre le siège de Péronne par la division de réserve afin de s'assurer la ligne de la Somme qui garantissait sa sécurité. Le VIIIᵉ corps fut établi au nord de Bapaume pour couvrir cette opération. Il appuyait sa droite à une division de cavalerie et sa gauche à des détachements chargés de garder les routes conduisant d'Amiens à Arras.

Bataille de Bapaume.

Le 1ᵉʳ janvier, Faidherbe, voulant couvrir son dernier point de passage pour opérer au sud de la Somme, résolut de débloquer Péronne. Le 3, il attaquait vivement le VIIIᵉ corps et le refoulait dans Bapaume. Son succès, dû à sa supériorité numérique, ne fut pas complet parce que, comme Crouzat à Beaune-la-Rolande, il voulut éviter le bombardement d'une ville française. Dix jours auparavant la question d'humanité n'avait joué qu'un rôle bien secondaire, puisqu'il n'avait pas

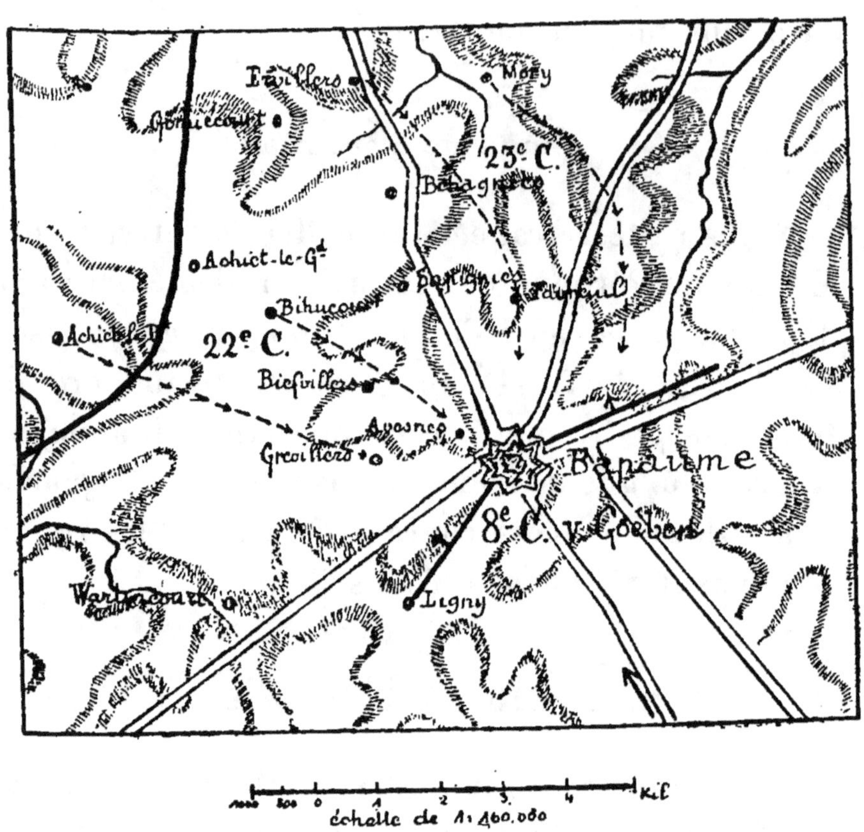

BAPAUME (3 janvier 1871).

hésité à canonner et à incendier les villages de l'Hallue!...

Le combat suspendu dans les faubourgs, on essaya de menacer les communications des Prussiens. L'aile gauche ennemie fut débordée et nous occupâmes Tilloy tout en attaquant Ligny. A ce moment, des renforts allemands vinrent changer la face des choses en permettant au général de Kummer de conserver Bapaume qu'il était sur le point de céder. La nuit survint sans qu'on eût obtenu de résultat décisif. Néanmoins, le général Kummer, manquant de munitions et voyant ses soldats exténués, évacua la ville et se replia derrière la Somme.

De son côté, Faidherbe avait abandonné les villages conquis et rétrogradé vers le Nord. On peut regretter qu'il n'ait pas poursuivi son succès pour le rendre plus retentissant ; mais il avait vu les mobilisés de la division Robin se débander, tandis qu'une foule de mobiles se réfugiaient dans les ambulances. Généralement, les troupes françaises montraient de la solidité pendant quelques heures ; puis, s'il arrivait des renforts aux Allemands, les mobiles se débandaient et entraînaient les troupes de ligne. L'armée, fatiguée, fut encore éprouvée par le froid de la nuit. Il n'osa donc se risquer plus loin de peur d'être enveloppé par des forces supérieures venues d'Amiens et même de Paris.

Les Allemands étaient sur le point d'abandonner le siège de Péronne lorsqu'ils apprirent la retraite des Français et l'occupation de Bapaume par une de leurs brigades de cavalerie.

Le général de Moltke reconnaît « que la journée « de Bapaume était douteuse; les troupes qui « étaient restées devant Péronne se tenaient « prêtes à partir et une partie des pièces de gros « calibre fut retirée des emplacements. »

Quoique Faidherbe n'eût pas atteint son but, il avait occasionné à l'ennemi des pertes considérables. Celui-ci laissait un millier de morts et de blessés sur le champ de bataille. Une partie de ses troupes s'était même débandée et dirigée en désordre sur Amiens. Dans un ordre du jour, le général de Gœben, qui avait remplacé Manteuffel envoyé dans l'Est, donna l'ordre aux chefs de corps de lui signaler les officiers qui avaient fui à la bataille de Bapaume pour qu'ils fussent immédiatement révoqués.

Capitulation de Péronne.

Le 9 janvier, Péronne capitula, quoique Faidherbe eût écrit, le 15 décembre, à son commandant pour lui recommander de ne pas imiter les exemples de faiblesse donnés par plusieurs autres gouverneurs. Le bombardement et l'incendie de cette place sont un des exemples les plus odieux de la férocité calme et méthodique introduite par les généraux allemands dans les usages de la guerre. C'est par humanité que le commandant Garnier, cédant aux instances des autorités civiles, se décida à livrer une place dont les défenses étaient intactes.

Le général de Gœben était désormais maître de la ligne de la Somme, depuis Amiens jusqu'à Saint-Quentin, et barrait ainsi à l'armée du Nord la route directe de Paris.

Nouvelle offensive de Faidherbe.

A l'abri des places du Nord, Faidherbe compléta l'organisation de ses deux corps d'armée. Deux nouvelles brigades furent créées : l'une à Cambrai, avec des éléments tirés des dépôts ; l'autre à Arras, avec des gardes nationaux mobilisés.

En apprenant que Paris allait tenter un suprême effort pour rompre l'investissement, il résolut d'appuyer ce mouvement en attirant à lui une partie des troupes du blocus. Pour cela, il fallait tromper Von Gœben en faisant une démonstration à l'ouest, sur la route d'Amiens, tandis que l'armée se porterait rapidement vers l'est, dans la vallée de l'Oise.

La rapidité et le secret, indispensables pour la

réussite de ce plan, firent défaut. Le verglas retarda la marche de nos colonnes et une attaque prématurée de la brigade de Cambrai sur Saint-Quentin attira l'attention des Allemands de ce côté. Les reconnaissances fixèrent bien vite Von Gœben sur nos projets. Dès le 17, il prenait ses dispositions pour les faire échouer.

Pendant que son aile gauche se rabattrait sur les derrières de l'armée du Nord, le centre, traversant la Somme à Péronne, devait l'attaquer de flanc, tandis que l'aile droite devait intercepter la route et le chemin de fer de Saint-Quentin à Paris.

Il commença son mouvement vers l'est avant même de connaître notre propre marche dans cette direction. Cependant, il n'avait à suivre que la corde de l'arc que parcourait Faidherbe.

Le 18 janvier.

Dès le 18 janvier, notre armée, sur deux colonnes, serrée de près par les avant-gardes allemandes, eut beaucoup de peine à les contenir aux combats de Beauvais et de Vermand (Aisne).

Cette date inoubliable du 18 janvier nous rappelle la proclamation de l'Empire d'Allemagne, dans la galerie des Glaces, au château de Versailles. Les lauriers étaient moissonnés ! Le lendemain, Saint-Quentin devait parachever la conquête !!

A la nuit, notre concentration s'effectuait péniblement autour de Saint-Quentin. Les fatigues de la journée préparaient mal nos jeunes soldats à la lutte du lendemain.

Von Gœben faisait aussi converger toutes ses forces vers cette ville, ce qui rendait l'action générale inévitable. Faidherbe résolut d'accepter la bataille, malgré les conditions défavorables dans lesquelles elle allait s'engager. Mais un télégramme de Bordeaux lui avait appris que le moment d'agir vigoureusement était venu et que Paris se préparait à un suprême effort : il voulut, lui aussi, se dévouer.

Bataille de Saint-Quentin.

L'ordre donné par le général Von Gœben pour la journée du 19 janvier nous fixe sur le caractère de toute lutte soutenue par des forces improvisées contre des troupes régulières : « Si l'ennemi, « disait-il, au lieu de nous attendre de pied « ferme, esquive le combat, il faudra le poursui- « vre avec la dernière énergie, en mettant en jeu « toutes les forces du soldat, car l'expérience « nous a montré que c'est moins la victoire sur « des troupes aussi faiblement organisées que la « poursuite, sans trêve ni répit, qui donne les « plus grands résultats. »

Le général en chef donnait trois directions générales à ses lieutenants et conservait une réserve centrale. Son écrasante supériorité en canons et en chevaux, ainsi que la plus grande valeur morale de son infanterie, lui permettaient d'attendre avec confiance l'issue de la lutte.

Le champ de bataille étant séparé par la Somme et le canal Crozat, deux actions bien distinctes, correspondant aux deux zones, vont se préciser. L'armée française forme une demi-circonférence au sud et à l'ouest de Saint-Quentin : Le 22ᵉ corps, au sud, entre Grugies et Gauchy, du canal jusqu'à la route de Paris. Le 23ᵉ corps, à l'ouest, entre Fayet et le moulin de Raucourt, du canal de la Somme à la route de Cambrai. La réserve, à Bellicourt, pour protéger les lignes de retraite.

32,000 Allemands s'avançaient sous les ordres de ce général Von Gœben, dont la statue s'élève aujourd'hui sur une des places de Coblentz. Ses deux lieutenants, Kummer à gauche et Barnekow à droite, n'avaient d'autres instructions que d'aborder l'ennemi : « Marcher avec énergie et « culbuter tout ce qu'on aurait devant soi », tel était l'ordre reçu.

Les Allemands savaient, en effet, que notre armée était faiblement organisée. La moitié des troupes, avoue Faidherbe, combattait sérieusement et diminuait à chaque affaire ; l'autre moitié

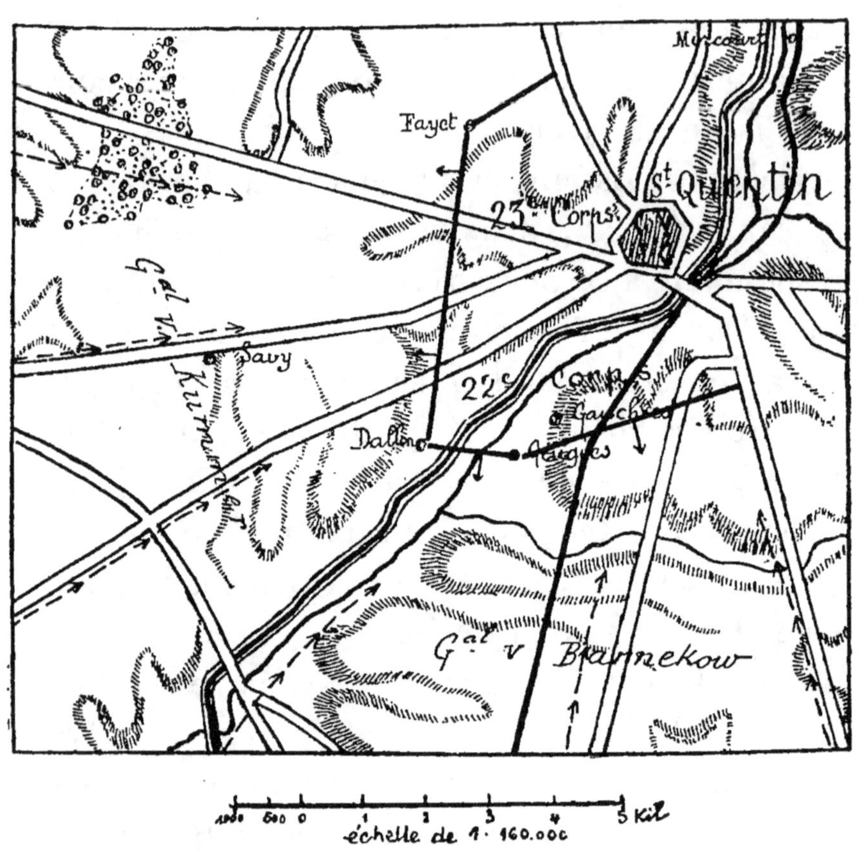

SAINT-QUENTIN (19 janvier 1871).

ne faisait que figurer sur le champ de bataille. Les régiments de marche étaient toujours placés en première ligne, les mobiles servaient de soutien. Quant aux mobilisés, ils formaient presque toujours la réserve, mais on ne pouvait compter sur eux.

La bataille s'engagea vers dix heures du matin. A notre gauche, le 22e corps résista énergiquement et fit même de vigoureux retours offensifs. Barnekow lutta pendant sept heures devant la ligne qui s'opposait à lui. Il trouva partout la résistance la plus énergique, et, par intervalles, les Français saisirent à leur tour l'offensive et refoulèrent l'assaillant. Le 22e corps résista jusqu'au moment où la supériorité de l'artillerie allemande et les charges impétueuses des compagnies prussiennes le forcèrent, vers trois heures, à rétrograder sur Saint-Quentin. Le général Lecointe put retirer ses pièces et engager ses troupes sur la route du Cateau, grâce à l'arrière-garde qui prolongea la défense derrière les barricades des faubourgs.

A droite, la bataille fut également très vive et resta indécise jusqu'au milieu de l'après-midi. Pour venir à bout du 23e corps, Von Gœben fit intervenir toutes ses réserves qui finirent par nous rejeter sur la ville grâce au feu intense de ses huit batteries. Le général Paulze d'Yvoy se replie dans le faubourg où il tient opiniâtrement malgré la nuit jusqu'au moment où il est pris à revers, la retraite du 22ᵉ corps ayant découvert son flanc gauche.

Faidherbe, après avoir poussé la résistance jusqu'à ses dernières limites, commande la retraite; mais le 23ᵉ corps reçoit l'ordre trop tard. Les défenseurs du faubourg sont tournés et pour la plupart faits prisonniers. Le chef d'escadron Richard, premier aide de camp du général en chef, n'échappe qu'avec peine, à coups de revolver, et après avoir été pris plusieurs fois. D'après de Moltke, Faidherbe lui-même ne put se sauver qu'avec l'aide de quelques habitants. Le reste du 23ᵉ corps battit en retraite par la route de Cambrai, heureusement conservée par la brigade des gardes nationaux du Pas-de-Calais, qui avait fait échouer le mouvement tournant de l'aile gauche allemande. Dans la soirée, les clairons prussiens, contrairement aux lois de la guerre, sonnèrent la générale à Saint-Quentin, ce qui augmenta sensiblement le nombre de nos prisonniers (6,000).

Nos troupes, épuisées par une journée de combat succédant à trois journées de marches forcées et d'escarmouches, par un temps et des chemins épouvantables, se trouvaient rejetées sur Saint-Quentin par un ennemi dont le nombre s'augmentait à chaque instant. Ses renforts arrivaient de

Rouen, d'Amiens, de Péronne, de Ham, de Laon, de La Fère, et même de Beauvais et de Paris.

La relation prussienne avoue que cette victoire fut « *péniblement acquise* ». Notre artillerie surtout, qui tirait pour la première fois les nouveaux obus à balles, avait fait beaucoup de mal à l'ennemi.

Retraite des Français.

Quarante kilomètres parcourus pendant la nuit permirent à l'armée du Nord d'échapper encore à l'ennemi. Faidherbe se dérobait de nouveau, ne laissant qu'une batterie à son vainqueur. Mais son armée, brisée, ne pouvait plus tenir la campagne. « Des milliers de jeunes soldats, démora-
« lisés, harassés, se traînaient sur les chemins
« sans dire un mot, ne levant la tête que pour
« jeter un regard désespéré sur les gens qu'ils
« rencontraient. »

Quelques-uns, incapables de marcher, s'affaissaient dans la boue. La plupart n'avaient que de détestables chaussures de carton que des fournisseurs peu scrupuleux avaient livrées à l'Intendance. On ne saurait trop flétrir ces honteuses spéculations.

La cavalerie allemande ramassait des centaines d'éclopés. Soixante Français se rendirent à quatre hussards et se laissèrent enfermer dans une église !...

Pourtant, Von Gœben ne croyait pas avoir réduit l'armée du Nord à l'impuissance. Dans un ordre daté du 21, il prescrivait à ses lieutenants « d'observer Cambrai et Arras et leur indi- « quait des lignes de retraite vers Amiens et « Péronne, dans le cas où ils seraient pressés par « l'armée française ». Après quelques sommations inutiles faites aux places de Cambrai et de Landrecies, le général Von Gœben réoccupa la ligne de la Somme. « Il avait l'intention d'attendre dans ces « positions que l'ennemi débouchât de nouveau « de l'abri protecteur de ses places fortes[1]. »

Quinze jours après, Faidherbe s'apprêtait à recommencer les opérations actives, lorsque la notification de l'armistice du 28 janvier mit fin aux hostilités.

18,000 hommes parfaitement disciplinés et dix batteries d'artillerie furent envoyés par Dunkerque et Cherbourg à l'armée de Versailles opposée à la Commune.

---

1. Relation prussienne.

TITRE IV

ARMÉE DE L'EST

Opérations du général Cambriels dans les Vosges.

Avant de nous occuper de l'armée de Bourbaki envoyée dans l'Est, il est indispensable de connaître les opérations du général Cambriels dont nous avons parlé à la première partie.

Après la capitulation de Strasbourg, l'état-major allemand forma un XIVe corps avec la division badoise et quelques réserves prussiennes. Pendant que des divisions de réserve assiégeraient Belfort et autres forteresses de la Haute-Alsace, le général de Werder, avec le XIVe corps, devait chasser nos francs-tireurs des Vosges occidentales, puis se diriger vers Dijon et Besançon pour disperser les rassemblements français qui s'organisaient dans cette région.

Les Vosges, montagnes boisées, peu élevées, percées de nombreux chemins, auraient facilité une guerre de partisans. Malheureusement, leur défense n'avait pas été préparée et les divers passages n'étaient gardés que par quelques détachements de francs-tireurs et de mobiles. Nous manquions de troupes solides qui, appuyées à droite sur Belfort, à gauche sur Langres, auraient pu menacer les communications de l'ennemi. Aussi les opérations dans l'Est seront-elles caractérisées par des efforts partiels et décousus jusqu'à l'arrivée de Bourbaki.

Vers la fin de septembre, le général Cambriels, blessé à Sedan, reçut le commandement de ces diverses troupes et forma ainsi le noyau de l'armée des Vosges. Cette organisation était à peine ébauchée, que l'ennemi s'emparait de Raon-l'Etape et de Saint-Dié. Nos bandes inexpérimentées essayèrent, mais en vain, d'arrêter cette offensive. Le 6 octobre, après le combat de la Burgonce, nous étions obligés de battre en retraite à travers bois, dans la direction d'Epinal. Ce combat démontra l'impossibilité de continuer l'offensive avec des troupes jeunes, sans expérience, dont quelques-unes s'étaient débandées dès le début de l'action. Le général Dupré fut obligé de mettre le revolver au poing pour les maintenir au feu.

Quelques petits combats, très honorables pour nos armes, n'empêchèrent pas les Allemands d'entrer à Épinal. Cambriels se retira vers Besançon. Il fut poursuivi jusqu'aux rives de l'Ognon où l'on put arrêter les Prussiens aux combats d'Etuz et de Châtillon.

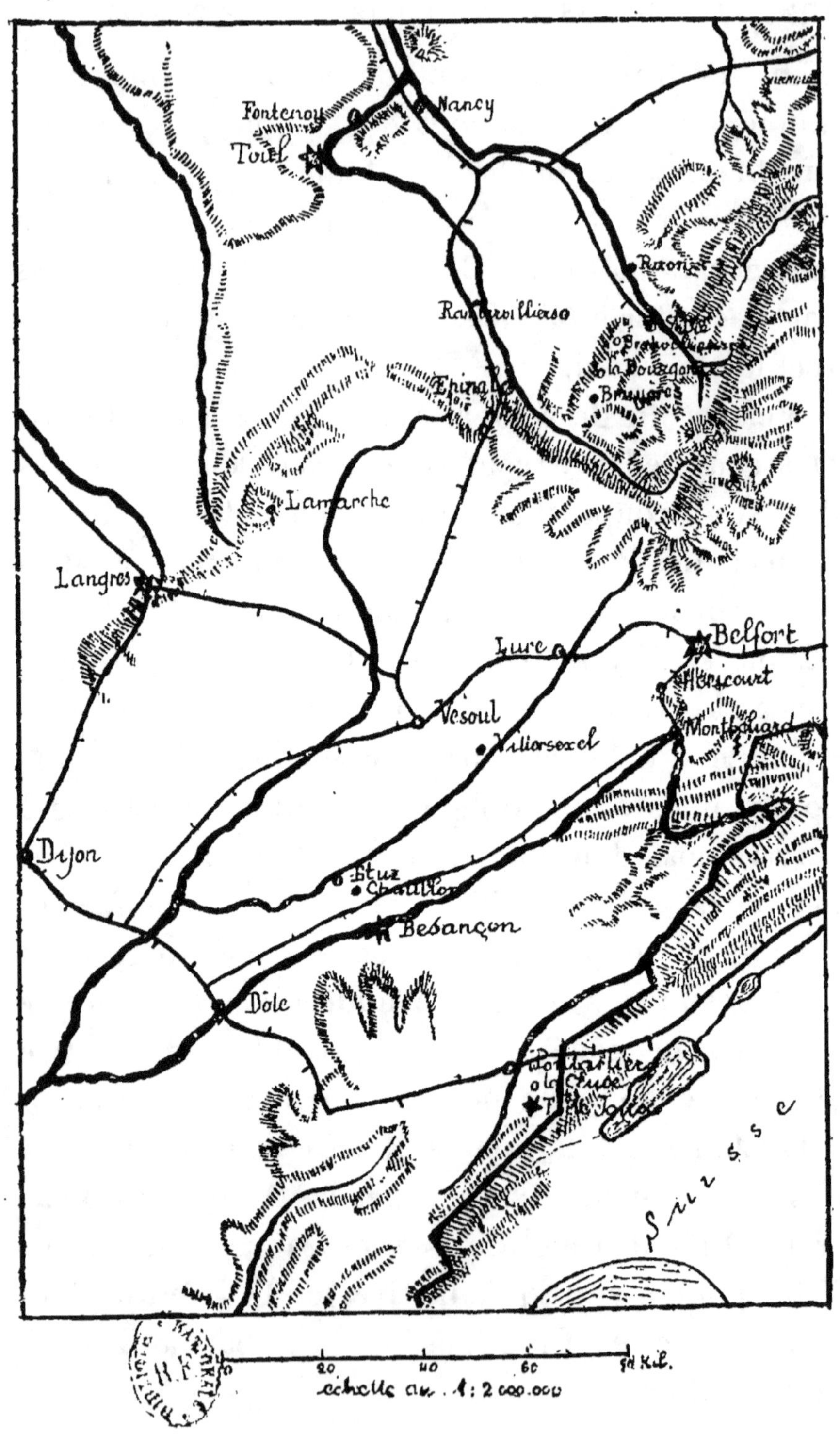

ARMÉE DE L'EST.

Occupation de Dijon par les Prussiens.

Werder, abandonnant Besançon, se rabattit vers l'Ouest et s'empara de Dijon, le 3o octobre. Le colonnel Fauconnet, qui défendait la place, ne se faisait aucune illusion sur l'issue de la lutte; mais il accomplit jusqu'à la mort son devoir de soldat.

L'occupation de Dijon permettait à Werder de surveiller les mouvements des troupes qui se rassemblaient dans la vallée de la Saône et dans le Morvan. Le général Cambriels fit commencer des travaux pour faire de Besançon un camp retranché, tout en s'occupant d'équiper, d'armer et d'instruire les troupes. Gambetta, venu sur les lieux, approuva les mesures prises et annonça l'envoi prochain de matériel et d'effets de toute nature. Malheureusement, le général en chef, souffrant de sa blessure, fut remplacé par le général Michel, puis par Crouzat.

Celui-ci, qui disposait à ce moment de 55,000 hommes, avait l'intention de manœuvrer autour de Besançon pour se jeter ensuite sur Belfort et sur les communications allemandes. La Délégation lui donna l'ordre d'en laisser 15,ooo à Besançon et de porter les autres à Chagny. Ces 4o,ooo hommes, sous la dénomination de 20° corps, furent transportés à Gien et formèrent l'aile droite de l'armée de la Loire qui fut battue, comme nous l'avons vu, à Beaune-la-Rolande.

Les bandes de Garibaldi, dans le Morvan, et la division du général Crémer, dans la vallée de la Saône, restaient seules chargées de la défense de l'Est. Les premières prirent le nom d'armée des Vosges.

L'armée de Garibaldi.

Garibaldi, célèbre révolutionnaire italien, avait contribué à faire l'unité de l'Italie. En raison de ses opinions, il offrit ses services à la France envahie. Le gouvernement, acceptant sa proposition, le pria de venir apporter son épée et son influence au service de la République. Il répondit à ce appel, et la Défense nationale, qui accueillait toutes les bonnes volontés, sans distinction de croyances ou d'opinions, lui reconnut le grade de général. Mais, Garibaldi, âgé de soixante-trois ans, fatigué, pouvant à peine se tenir à cheval, n'avait plus les qualités audacieuses qui avaient fait sa réputation de chef de partisans. Très indépendant, il ne voulut jamais être sous les ordres d'un autre et, réciproquement, aucune troupe française régulière ne fut placée sous les siens. Sa division, composée d'éléments hétérogènes, comprenait 3,000 volontaires italiens, une légion espagnole, des chasseurs égyptiens, une guérilla d'Orient, des bataillons marseillais de l'Egalité, des francs-tireurs de la Mort, des Enfants perdus de Paris, etc., etc., « amalgame de bravoure et de crapule, bonnes « volontés impuissantes, héros et bandits[1]! » Il l'avait organisée en quatre brigades commandées par ses deux fils Menotti et Ricciotti, par le général polonais Bossak-Hauké et par le général auxiliaire Delpech, ancien préfet des Bouches-du-Rhône. Le colonel Bordone, pharmacien d'Avignon, aux fâcheux antécédents judiciaires, était le chef d'état-major de cette armée qui comptait 18,000 hommes environ.

La plupart de ces troupes, sans aucune discipline, avec des mœurs déplorables, commirent des actes indignes qu'il convient de passer sous silence. Disons, cependant, que des femmes servaient en qualité d'officiers dans ces bandes. L'une d'elles, Pépita, était capitaine de cavalerie.

Le général Crémer.

Crémer, jeune capitaine d'état-major évadé de Metz, fut nommé général au titre auxiliaire. Son énergie et l'ardeur de ses sentiments républicains l'avaient heureusement signalé à l'attention de la

1. P. et V. Margueritte.

Délégation. Sa brillante conduite pendant la campagne de l'Est devait justifier ce choix.

Garibaldi et Crémer ne s'entendirent pas. En agissant séparément ils se firent battre. Le premier tenta de reprendre Dijon, mais il échoua et fut ramené sur Autun où il battit cependant la brigade Keteller qui le poursuivait. Le second marcha à son tour sur Dijon et obtint un léger succès à Nuits en arrêtant une forte reconnaissance ennemie. Mais Garibaldi étant resté inactif à Autun, Werder, ayant toute latitude, arrêta l'offensive du jeune général.

Combat de Nuits.

Un nouveau combat, très glorieux pour nous, eut lieu à Nuits ; il se termina, vers sept heures du soir, par la retraite des Allemands. Ceux-ci ne revinrent sur leurs pas qu'après que les Français eurent évacué Nuits pour occuper le plateau de Chaux.

Crémer comptait recommencer la lutte le lendemain ; mais le manque de munitions le décida à battre en retraite sur Beaune, où Gambetta lui donna l'ordre de résister « jusqu'à la mort ». Ce combat coûta un millier d'hommes aux Allemands, qui se retirèrent en désordre sur Dijon ; mais

Garibaldi, toujours inactif à Autun, ne sut pas profiter de cette situation favorable.

Le général de Wachter a écrit que ce combat était le plus honorable de la seconde partie de la guerre. « Dix mille hommes de jeunes troupes « avaient lutté à nombre égal contre une infan-« terie aguerrie, soutenue par un millier de dra-« gons et une artillerie double de la leur. Le dis-« positif de combat des Français dénote chez leur « chef du coup d'œil et une exacte connaissance « du terrain, qualités assez rares chez la plupart « de ses collègues plus anciens de service. »

A cette époque, les places fortes de Schlestadt et de Neuf-Brisach nous étaient déjà enlevées et le bombardement de Belfort allait commencer.

Mission de l'armée de l'Est.

L'armée de Bourbaki, d'abord destinée à se porter au secours de Chanzy ou à marcher sur Paris, par Pithiviers, fut envoyée dans l'Est, le 18 décembre, pour débloquer Belfort, reconquérir l'Alsace, couper les lignes de communications principales des Allemands et envahir, peut-être, l'Allemagne du Sud. Cette diversion devait procurer indirectemeut la levée du blocus de Paris.

Le général Bourbaki.

Ce plan très audacieux, que Chanzy n'approuva jamais, pouvait réussir s'il eût été exécuté rapidement et en secret. Mais Bourbaki, ancien aide de camp de Napoléon, n'était pas le chef qui convenait. Ses amis lui reprochaient de servir un gouvernement rebelle et lui disaient qu'on l'accuserait de trahison. Faute de confiance en ses troupes improvisées, il ne croyait pas au succès : « On ne « fait pas la guerre, disait-il, avec des troupes « neuves, nullement encadrées, qui n'ont pas la « notion de leurs devoirs, qui ne respectent ni ne « craignent leurs chefs et qui marchent à l'en- « nemi sans être organisées. » C'est par patriotisme qu'il avait accepté cette mission, car il trouvait la résistance plus nuisible qu'utile. La Délégation n'avait en lui qu'une confiance très relative. M. de Freycinet demandait même qu'un autre général fût désigné. Mais Gambetta maintint Bourbaki à cause du prestige de son nom. M. de Serres, commissaire civil, ayant en poche son décret de révocation, lui fut adjoint.

Transport des troupes.

Malheureusement, le transport des troupes demanda près de trois semaines. Les trains se succédaient sur une ligne ferrée à voie unique, sans pouvoir ni avancer à cause des Prussiens, ni rétrograder après le débarquement. Dans certains, les hommes restèrent trois ou quatre jours sans pouvoir descendre de voiture, quelquefois sans avancer d'un pas. Les troupes en débarquant étaient plus éprouvées qu'après une défaite. Le 15e corps mit cinq jours pour aller de Besançon à Clerval, c'est-à-dire pour parcourir 50 kilomètres. Son débarquement est un des épisodes les plus douloureux de cette campagne : beaucoup d'hommes eurent les pieds gelés ; les malades furent déposés dans la gare, et, lorsqu'elle fut pleine, les autres, laissés dehors, moururent dans la neige !...

Organisation défectueuse.

Les magasins n'avaient pas été préparés, les convois n'étaient pas organisés ; aussi les troupes débarquées aux environs de Besançon manquaient de vivres et étaient incapables de se mouvoir. Les *moyens matériels* nécessaires à la réussite de ce grand projet firent complètement défaut.

Nos jeunes soldats, peu aguerris, lancés dans les neiges du Jura, souffrirent beaucoup du froid dans cette région accidentée où, de plus, les communications étaient rendues si difficiles.

Notre mouvement était à peine commencé depuis trois jours que l'état-major allemand prenait ses dispositions pour résister à cette nouvelle attaque. Le général de Manteuffel était détaché de l'armée du Nord et envoyé, à la hate, avec les IIe et VIIe corps, au secours du XIVe. Ces trois corps réunis devaient former l'armée du Sud. Le maréchal de Moltke chargeait, en outre, le gouverneur général de Lorraine de détruire, en partie, certaines voies ferrées pour ralentir, sinon arrêter, notre marche vers le nord : « L'organisation défec- « tueuse des armées françaises, écrivait-il, qui « manquent presque complètement du train néces- « saire aux transports des vivres et des munitions, « les force à lier constamment leurs opérations « aux voies ferrées. » Cette remarque, fort judicieuse, devait faciliter la tâche de Werder qui ne disposait que de 60,000 hommes.

Le 29 décembre, le 18e corps (Billot) occupait Beaune et Chagny; le 20e corps et la division de réserve, Chalon-sur-Saône; le 24e corps, Besançon, où le 15e, resté à Vierzon pour masquer le mouvement, devait venir le rejoindre. La division Crémer couvrait, à Dijon, le flanc gauche de cette armée, composée de 140,000 hommes avec 400 canons.

Plan de Bourbaki.

Avant de commencer son offensive, le général Bourbaki avait demandé, avec instance, qu'on accumulât une grande quantité d'approvisionnements à Besançon et qu'on garantît sa gauche contre un mouvement tournant. Le Gouvernement de Bordeaux s'y était engagé : il croyait que ce rôle serait rempli par la division Crémer. Or, Bourbaki appela cette division à former l'aile gauche de son front de marche, contrairement à l'avis de M. de Freycinet qui voulait, avec raison, la laisser à Langres. On dut malheureusement la remplacer dans cette importante mission, à Dijon, par le corps de Garibaldi. Ce dernier restait donc chargé de couvrir l'armée de l'Est contre une armée de secours qui chercherait à se jeter sur sa ligne de retraite.

Bourbaki ne put se mettre en marche que le 5 janvier. Son but était de déborder Vesoul, vers l'est, pour séparer le XIVᵉ corps des troupes d'investissement de Belfort : il voulait d'abord battre Werder pour se porter ensuite sur Treskow. Sa marche fut retardée par la difficulté des ravitaillements, la rigueur de la saison et le mauvais état des chemins.

L'armée arriva dans la vallée de l'Ognon dans

l'ordre suivant : à droite, le 24ᵉ corps ; au centre, le 20ᵉ ; à gauche, le 18ᵉ ; le 15ᵉ corps en arrière comme réserve générale. Dijon était occupé, il est vrai ; mais deux autres villes très importantes n'étaient pas gardées solidement. La première, Dôle, maintenait les communications de Bourbaki avec Garibaldi ; elle aurait barré, plus tard, la route à Manteuffel. La seconde, Mouchard, était la clef de la ligne de retraite de l'armée de l'Est sur Lyon par Lons-le-Saunier.

Le général de Werder.

Werder, prévenu de l'offensive française dès le 25 décembre, avait évacué Dijon, le 27, pour aller se concentrer à Vesoul. Il avait couvert Belfort en faisant occuper fortement les points d'Héricourt et de Montbéliard. Le 5 janvier, il nous faisait 500 prisonniers qui le renseignaient sur la marche de nos corps d'armée et le fixaient sur nos projets.

Le 7, de Moltke, en lui annonçant la mise en route des IIᵉ et VIIᵉ corps, lui ordonnait de ne pas abandonner le siège de Belfort. Le général allemand recula jusqu'à la Lisaine où il se plaça entre Belfort et l'armée de secours. Sa marche, exécutée parallèlement à la direction que suivait Bourbaki, était très dangereuse car il avait le plus long chemin à parcourir, mais ses troupes, très

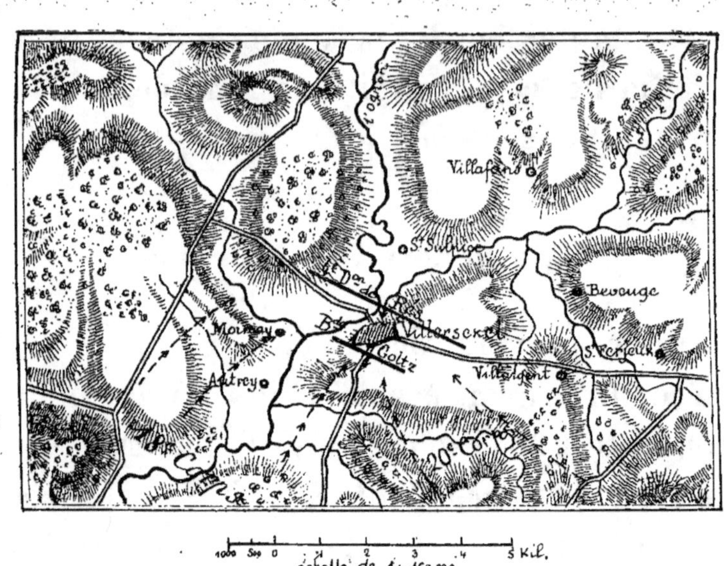

VILLERSEXEL (9 janvier 1871).

solides, pouvaient accélérer l'allure, tandis que l'armée français, manquant d'organisation, assurant difficilement sa subsistance, liée à la voie ferrée, souffrant des rigueurs de la saison, éprouvait de grands retards. Enfin, pour obtenir ce succès stratégique, Werder résolut de heurter notre flanc gauche et provoqua ainsi le combat de Villersexel, le 9 janvier.

Combat de Villersexel.

Bourbaki avait ordonné pour ce jour-là aux 18e et 20e corps de suivre les deux rives de l'Ognon. Le choc allait donc se produire de front, contrairement aux prévisions du général prussien.

Dans la matinée, une division de réserve ennemie s'empara de Villersexel, énergiquement défendue par deux bataillons de mobiles corses. Vers midi, l'avant-garde du 20e corps attaqua ce village par le sud, tandis que le 18e s'avançait par la rive droite de l'Ognon.

Le combat fut acharné. Le château en flammes, pris et repris, tomba définitivement en notre pouvoir à 3 heures du matin. Les Allemands, après avoir évacué la ville, ne furent pas poursuivis.

Bourbaki obtenait le succès tactique et s'endormait sur ses lauriers, tandis que son adversaire, visant le succès stratégique le devançait dans sa marche et parvenait à se placer entre lui et Belfort.

Le 10, l'armée prussienne, concentrée au nord de Villersexel, s'attendait à être attaquée. Les difficultés des approvisionnements et la fatigue des troupes nous forcèrent à suspendre le mouvement pendant trois jours. Ce retard fut très regrettable, car Werder en profita. Bourbaki perdit là l'occasion d'accabler son adversaire puisque, à ce moment, sa supériorité numérique lui eût assuré le succès.

Le 13, les têtes de nos colonnes changeaient de direction à droite et obligeaient les postes avancés allemands à se replier.

Le 14, il n'y eut que quelques escarmouches entre patrouilles. Le 18e corps et la division Crémer, formant l'aile marchante, se portèrent à hauteur des autres corps et firent face à l'est. Bourbaki prit ses dispositions pour engager, le lendemain, une action décisive.

Organisation défensive de la Lisaine.

Werder s'était solidement établi sur la rive gauche de la Lisaine. La IVᵉ division de réserve et la division badoise s'étendaient entre la voie ferrée de Lure à Belfort et le village d'Héricourt. A leur gauche, entre Héricourt et Montbéliard, se trou-

vaient les troupes destinées à couvrir le siège de
Belfort. On avait accumulé de ce côté les plus puissants moyens de résistance. Le château de Montbéliard était imprenable. La réserve générale était
en arrière du centre où les monts Vaudois et
Dannin avaient été fortifiés. Tous les villages
étaient organisés défensivement; les points de passage de la Lisaine étaient solidement gardés; les
ponts étaient détruits, la glace rompue; du sable,
du fumier et des cendres avaient été répandus sur
les sentiers glissants pour l'artillerie; 34 pièces de
siège avaient été réparties sur les points principaux; des tranchées-abris, renforcées par des
réseaux de fil de fer, et des batteries tenaient
sous leur feu les débouchés importants; on avait
approvisionné les troupes de vivres et de munitions.

La ligne de retraite avait été prévue par la vallée
de la Savoureuse, et le quartier-général, au mont
Vaudois, était en communication télégraphique,
non seulement avec les différents points du champ
de bataille, mais encore avec Versailles et avec le
général de Manteuffel.

« De Moltke reconnaît que l'aile droite était
« faible, mais il n'y avait guère à craindre l'at-
« taque principale de ce côté. L'armée française,
« fort nombreuse et mal équipée, était tenue de
« s'écarter le moins possible du chemin de fer pour

« pouvoir vivre. Or, la voie ferrée de Vesoul à
« Belfort, par Lure, était détruite. »

Cette organisation défensive d'une position mérite, à bon droit, d'être citée comme exemple. Ses
seuls défauts étaient de pouvoir être tournée et de
manquer de communications transversales pour
l'arrivée des réserves.

Bataille d'Héricourt.

La bataille devait s'engager de proche en proche,
corps par corps, à partir du pivot, de façon à rabattre largement la gauche française sur la droite
allemande. Bourbaki voulait renouveler l'attaque
des Prussiens à Saint-Privat.

Le 15 janvier, vers neuf heures du matin, par
un froid excessif, l'armée française entamait la
lutte. Le 15ᵉ corps, à droite, devait attaquer Montbéliard. Au centre, le 24ᵉ avait pour objectif Bussurel, et le 20ᵉ, Héricourt. A gauche, le 18ᵉ corps
devait marcher sur Chagey pendant que la division
Crémer, à l'extrême gauche, chargée du mouvement enveloppant, devait déborder l'aile droite
allemande. Malheureusement, le point d'appui de
droite n'était pas Chagey, c'était Chenebier et
même Frahier. Commettant la faute de ne pas voir
le point d'attaque véritable, sur la route de Lure,
nous allions attaquer de front des positions d'au

HÉRICOURT OU LA LISAINE (15, 16 et 17 janvier 1871.)

tant plus formidables que les troupes chargées de les enlever étaient moins solides. La principale chance d'être victorieux allait nous échapper par la faute du commandement.

La bataille d'Héricourt ou de la Lisaine se prolongea pendant trois jours, les 15, 16 et 17 janvier. Le premier jour, le 15e corps occupe partiellement Montbéliard dans la soirée; mais, sur tout le front, le combat se transforma en une lutte d'artillerie. A gauche, Billot et Crémer se gênèrent dans leurs mouvements et arrivèrent un peu tard. Ce dernier s'arrêta à Etobon, face à Chenebier.

Notre attaque de front n'avait pas donné de résultat puisque les Allemands conservaient tous les points importants. Nos troupes durent bivouaquer par un froid de 18 à 20°, sans autres feux que de maigres flambées de bois vert, tandis que nos adversaires ne laissaient au bivouac que les hommes strictement nécessaires au service de sûreté. On souffrit même de la faim, car les convois qui s'acheminaient de Clerval vers Héricourt et Montbéliard faisaient à peine un kilomètre par heure sur le verglas des routes. Les chevaux tombaient, se relevaient, puis retombaient encore. Pendant cette nuit, la plus froide de l'hiver 1870-71, bien des hommes se couchèrent au bivouac pour ne plus se relever...

Werder, peu rassuré sur l'issue de la lutte, avait

demandé l'autorisation de se dérober. Il recevait, dans la soirée, du général de Moltke, l'ordre de maintenir à tout prix le siège de Belfort et d'user de la dernière rigueur vis-à-vis des populations si quelque agitation se produisait sur ses derrières. « L'action de Manteuffel, lui disait-il, ne va pas « tarder à se faire sentir. »

Le deuxième jour, par suite d'un épais brouillard, l'infanterie ne commença la lutte que fort tard. Nos attaques échouèrent contre le château de Montbéliard, contre Béthoncourt et Héricourt. Le 18e corps (Billot) était écrasé par la formidable artillerie du mont Vaudois chaque fois qu'il tentait de sortir des bois.

Plus à gauche, cependant, nos troupes, avec un élan remarquable, s'emparèrent de Chenebier. Malheureusement, par suite de la neige et du verglas, les différents corps communiquaient difficilement entre eux; les reconnaissances étaient incomplètes; les rapports et les ordres n'arrivaient pas en temps utile et les généraux ne purent se prêter un mutuel appui. Si Billot et la réserve avaient appuyé par Chenebier l'offensive de Crémer, la défense de la Lisaine était tournée et nous débloquions Belfort! Crémer et Pénhoat furent donc obligés d'arrêter leur succès à Chenebier et perdirent ainsi l'occasion favorable d'occuper Frahier.

« Le moment décisif de la bataille pour les Alle-

« mands était arrivé, a écrit Von der Goltz. Si l'at-
« taque heureuse des divisions Crémer et Penhoat
« avait entraîné le reste de l'aile gauche de l'ar-
« mée française, l'aile droite allemande pouvait
« être écrasée rien que par le déploiement de l'ar-
« tillerie supérieure de l'ennemi, et le chemin de
« Belfort était libre. Le général de Werder se dé-
« cida aussitôt à engager sa faible réserve. Elle fut
« rassemblée de tous les points isolés où elle se
« tenait déjà prête, et conduite par le général
« Keller à la droite de l'armée. »

Huit bataillons, quatre escadrons, quatre batteries de campagne et trois pièces de 24 allèrent donc
renforcer le général Degenfeld compromis. Les
pièces, amenées à force de bras au moulin Rou-
geot, furent mises en position pendant la nuit et
ouvrirent le feu dès le matin. Werder constituait
une nouvelle réserve avec des troupes prises à la
gauche et au centre et gardait solidement, à Frahier,
la route de Belfort.

Le troisième jour, à cinq heures du matin, le
général Keller surprenait la division Penhoat à
Chenebier et occupait ce village. Il fut repris dans
la matinée par les divisions Crémer et Penhoat qui
réussirent à s'y maintenir malgré un retour offensif
de Keller. Au lieu de poursuivre l'ennemi en retraite
et de donner la main aux défenseurs de Belfort, elles
laissèrent traîner le combat en longueur de ce côté.

Vers midi, l'attaque du 18e corps n'avait pas réussi contre Chagey et Luze. Nous avions aussi échoué contre Héricourt et le château de Montbéliard. « Cette persistance à attaquer de front fit « négliger l'aile gauche où devait se décider l'af- « faire et où le général Bourbaki aurait dû faire « l'effort décisif[1]. »

Nos troupes exténuées étaient incapables de tenter de nouveaux assauts. Les ambulances regorgent, on se mutile pour y entrer. Dans la plupart des compagnies, sur un effectif de 180 combattants, une cinquantaine au plus vont au feu. Les soldats n'en veulent plus!... La faim et la souffrance excusent peut-être en partie le désordre et l'indiscipline! Une inexprimable amertume se lisait sur le visage de Bourbaki. L'âme du vaillant et loyal soldat de Crimée dut souffrir à cette heure terrible. Vers trois heures, à la suite d'un conseil de guerre improvisé, le général en chef donnait l'ordre de battre en retraite sur Besançon. Billot, seul, avait émis un avis contraire : il voulait infléchir à gauche vers la trouée de Belfort.

« Commandant, répondit Bourbaki au chef d'escadron Brugère qui insistait pour qu'on attaquât encore, à votre âge j'aurais peut-être pensé comme vous ; mais je suis général en chef et j'ai des res-

1. Dussieux.

ponsabilités. » Un instant après, il ajouta tristement : « Les généraux devraient avoir votre âge. »

Le 18 au matin, l'armée quitta définitivement les rives de la Lisaine où venaient de se briser les derniers efforts faits par la France pour chasser l'envahisseur. Le but de la campagne était manqué. De terribles épreuves nous étaient réservées, car Manteuffel, s'avançant rapidement avec les IIe et VIIe corps, allait nous barrer le passage.

L'étude de la bataille d'Héricourt est intéressante au poiut de vue du combat défensif. Remarquons d'abord qu'après avoir coupé les ponts de la Lisaine, des détachements importants ont été poussés par Werder en avant de sa ligne principale pour nous obliger à des déploiements prématurés. Les flancs étaient appuyés non seulement par des batteries, mais par des détachements de toutes armes destinés à éclairer au loin et à nous tromper sur les forces réelles que nous avions devant nous.

De fortes réserves occupaient une position centrale qui leur permettait de se porter rapidement sur le point menacé. C'est ainsi que le général Keller put soutenir la droite et reprendre Chenebier.

Le combat ne fut pas défensif d'une façon absolue. Les Allemands, tout en se cramponnant avec la plus grande énergie aux positions qu'ils défendaient, devaient se tenir prêts à prendre l'offensive dès que l'occasion serait favorable.

Cette bataille ne leur coûtait que 1,600 hommes, tandis que nous en avions perdu 8,000. Ces chiffres, tout en tenant compte de la supériorité obtenue par la portée plus grande et la précision de l'artillerie allemande, démontrent les avantages d'une bonne éducation tactique.

La cavalerie française ne fournit pas de renseignements sur l'ennemi. Ses chevaux, qui n'étaient pas ferrés à glace, ne purent opérer sur des routes couvertes de verglas.

Notre artillerie, très inférieure, ne prépara pas suffisamment les attaques.

Nos approvisionnements étaient incomplets et nous manquâmes de transports.

Nos jeunes troupes eurent à supporter des souffrances de toutes sortes par un froid excessif.

La garnison de Belfort, qui aurait dû marcher au canon, ne bougea pas.

Enfin, l'infériorité morale de l'armée de l'Est avait été d'un grand poids dans la balance !...

Marche du général de Manteuffel.

Le général de Manteuffel, sans perte de temps, se portait au secours de Werder qui paraissait compromis. Passant entre Langres et Dijon, il décida de marcher directement sur Vesoul. On se contenterait de masquer Langres, où se trouvait une forte garnison, et de tromper Garibaldi par une démonstration devant Dijon. Ce projet réussit à merveille : la garnison de Langres ne sortit pas et Garibaldi, après avoir repoussé avec ses 30,000 hommes et 50 canons la brigade Ketteler, ne bougea plus. Il avait vu défiler de loin les colonnes du IIe corps ; mais, supposant qu'elles fuyaient, il était rentré triomphalement à Dijon au chant de *la Marseillaise*, et avait annoncé au Gouvernement sa « *grande victoire* ». Reconnaissons toutefois que les combats qu'il livra furent honorables.

Combat de Pouilly.

A Pouilly, notamment, ses troupes s'emparèrent du drapeau du 61e régiment. On lit dans la relation prussienne : « En réalité, le seul drapeau « que l'armée allemande a perdu dans cette « guerre a été retrouvé par des hommes de la bri- « gade Ricciotti Garibaldi, inondé de sang, dé- « chiré par les balles et sous un monceau de ca- « davres. »

Ajoutons, pour combler une lacune de la relation, qu'un autre drapeau, celui du 16e prussien, avait été pris par un officier dans une lutte corps à corps à Rezonville [1]. La prise de ces deux tro-

---

1. Lieutenant-payeur Chabal, du 57e, aujourd'hui commandant de gendarmerie en retraite à Chambéry.

phées est certainement plus glorieuse que celle des cinquante-deux drapeaux, portés dans un fourgon, qui furent remis, à Metz, au prince Frédéric-Charles.

Épisode du pont de Fontenoy.

Mentionnons encore, à la date du 18 janvier, le brillant fait d'armes du capitaine Coumès et du commandant Bernard, qui, avec un corps franc, « *les Chasseurs des Vosges* », firent sauter le pont de Fontenoy, interrompant ainsi les communications sur la grande ligne Paris-Berlin. Cet épisode nous montre comment aurait dû se faire la guerre de partisans. Là, sans doute, plus que dans les vastes armées improvisées, eût été le salut !

Retraite des Français. — La déroute.

Pendant ce temps, l'armée du Sud, continuant son mouvement, allait consommer la ruine de l'armée de l'Est. Le 19 janvier, elle atteignait les rives de la Saône, où elle apprenait le résultat inespéré de la bataille d'Héricourt et la retraite des Français. Manteuffel prit, à ce moment, une résolution très audacieuse. Renonçant à rejoindre Werder par Vesoul, il fit faire à son armée une conversion à droite et marcha vers le sud par les routes de

Dôle et de Dampierre. Son but est de nous couper les communications et de nous enfermer dans Besançon comme à Metz, ou nous acculer à la frontière comme à Sedan. Il veut la capitulation complète où le désarmement.

La relation prussienne raconte que de Moltke rassurait le roi de la façon suivante : « L'opéra-« tion du général de Manteuffel est extrêmement « hardie; mais elle peut assurer les plus grands « résultats. S'il subissait un échec, il ne faudrait « pas le blâmer, car il faut bien risquer quelque « chose pour obtenir de grands succès. »

Manteuffel n'avait pas hésité à faire ce mouvement très dangereux, laissant sur ses derrières les places de Dijon et de Langres, ayant trois rivières à dos et sans lignes de communication. Quel danger n'affrontait-il pas? Heureusement, le général Ketteler, quoique battu par Garibaldi, avait atteint son but en retenant le héros italien à Dijon, assurant ainsi à son général en chef la liberté de ses manœuvres et la sécurité de ses derrières. Les seules difficultés que rencontrera ce dernier seront dues à la région difficile qu'il traverse et à la rigueur exceptionnelle de la saison. L'inaction où Garibaldi demeura, avant et après les combats de Dijon, prépara et assura la ruine de l'armée de l'Est. Manteuffel atteint son but : les tenailles sont prêtes à se refermer sur Bourbaki à Besançon, comme sur Mac-Mahon à Sedan,

Werder n'avait pas abandonné ses fortes positions pour nous poursuivre. Ce n'est que le 20 janvier qu'il reprit le contact.

La retraite de Bourbaki fut très lente, en raison de l'état de fatigue des troupes. L'armée mit cinq jours [pour parcourir les 70 kilomètres qui la séparaient de Besançon, où elle arriva dans un état lamentable. Son insuccès lui avait fait perdre le peu de ressort moral qui lui restait : « C'était « partout le spectacle hideux et sombre de la dé- « route, avec son cortège de souffrances, de révol- « tes et de désespoirs. »

Les convois encombraient les routes, les chevaux mouraient de fatigue et de faim dans les brancards mêmes de la voiture à laquelle ils étaient attelés.

Le gouverneur de Besançon, craignant pour ses approvisionnemennts, avait fait fermer les portes de la ville devant cette cohue affamée, transie de froid, qui bivouaqua misérablement dans la neige, sans feu ni pain, par un froid de 14° au-dessous de zéro. Certains soldats se répandirent dans les villages, qu'ils pillèrent. Le froid, les privations, les maladies provoquèrent de cruelles souffrances.

L'armée, concentrée autour de la place, s'y reposa pendant quatre jours et se réorganisa. Cet arrêt devait lui être funeste.

Le 22 janvier, Manteuffel atteignait le Doubs à Dôle, où il capturait les énormes approvisionnements qu'on avait rassemblés dans cette ville, et donnait la main au XIVe corps. L'escadron de dragons allemands chargé d'établir la liaison fit, dans cette région montagneuse, 103 kilomètres en douze heures et demie, sans faire manger ses chechevaux. Il revint à son point de départ avec des dépêches destinées au général de Werder, parcourant d'une traite, en trente-six heures, plus de 200 kilomètres.

A ce moment, le XIVe corps rejetait de Beaume-les-Dames une division du 15e corps qui formait l'arrière-garde française. Le 24e corps, chargé d'interdire les passages du Doubs et de la défense du plateau de Blamont, abandonnait sa position et était coupé et rejeté sur Pontarlier. Les deux rives du Doubs, en aval de Besançon, étaient également coupées par le VIIe corps, tandis que la tête de colonne du IIe se présentait vers le sud, à Mouchard.

« Directives » du général de Manteuffel.

Le 24, Manteuffel, donnant ses instructions à ses trois commandants de corps d'armée, leur adressa ces fameuses « *Directives* », qui méritent d'être reproduites en entier :

« En supposant que le XIVe corps d'armée, « partant de Beaume-les-Dames demain 25, ga- « gne, par une petite journée de marche, du ter- « rain dans la direction de Besançon, il y aurait « à examiner les hypothèses suivantes :

« 1° L'ennemi, ne pouvant plus passer par la « route de Villers-Farlay, cherche à se faire jour, « au sud, par les chemins entre Villers-Farlay et « Pontarlier. Dans ce cas, les IIe et VIIe corps « sont prêts à jeter leurs avant-gardes sur son « flanc, ou à lui barrer le passage avec des co- « lonnes mobiles.

« 2° L'ennemi cherche à percer par Quingey et « Dampierre. Alors, il trouve une division du « VIIe corps sur chaque rive du Doubs comme « premier obstacle, pendant que le IIe corps, placé « plus en arrière, peut, selon les circonstances, « prendre part à l'action sur les deux rives du « Doubs. Dans les deux cas, le XIVe corps, ve- « nant du nord, devra se jeter énergiquement sur « les arrière-gardes ennemies ;

« 3° L'ennemi essaie de déboucher de Besançon, « ou au-dessus de cette ville, pour se porter sur « Pesmes et sur Gray par les routes d'Andeux, de « Pin et d'Etuz, peut-être afin de donner la main « au corps de Garibaldi, vers Dijon. En ce cas, « il aurait tout d'abord la 14e division et la bri- « gade Knesebeck contre son flanc gauche, la di-

« vision badoise contre son flanc droit. Elles arrê-
« teraient ses colonnes de marche jusqu'à ce que
« les troupes plus éloignées arrivassent de droite
« et de gauche pour attaquer l'ennemi, ou le de-
« vançassent à droite et à gauche pour l'enve-
« lopper.

« 4° L'ennemi fait de nouveau front contre le
« XIVe corps. Dans ce cas, les IIe et VIIe entre-
« ront en action, venant du sud.

« 5° L'ennemi bat en retraite vers la frontière
« suisse. Les avant-gardes des trois corps sui-
« vront de suite ce mouvement afin de pouvoir
« plus tard, avec toute l'armée si cela est néces-
« saire, forcer l'adversaire à accepter la bataille
« ou à passer la frontière ;

« 6° L'ennemi se concentre près de Besançon
« et attend notre attaque. Il faudrait, dans ce cas,
« calculer la durée approximative des approvi-
« sionnements de l'armée française dans les cir-
« constances actuelles et assurer les vivres de l'ar-
« mée du Sud, autant qu'on peut le prévoir, pour
« un laps de temps plus considérable. L'armée ne
« serait pas obligée de tenter une attaque contre
« de fortes positions, situées, peut-être, sous la
« protection de la place ; elle pourrait, au con-
« traire, attendre l'attaque de l'ennemi.

« En raison de ces circonstances, dans lesquel-
« les un rapprochement immédiat des trois corps

« ne serait pas facile, peut-être même pas à pro-
« pos, je n'ai pas voulu manquer de porter, par
« ce qui précède, mon appréciation sur la situa-
« tion à la connaissance de Votre Excellence, afin
« qu'elle puisse prendre ses dispositions dans ce
« sens avant d'avoir reçu mes ordres, si les évé-
« nements nécessitaient une prompte décision.

« *Signé* : Baron DE MANTEUFFEL,

« Commandant en chef. »

Bourbaki cerné.

La Délégation se doutait peu du danger que courait l'armée de l'Est au moment où des instructions si précises étaient données aux généraux de l'armée du Sud.

Bourbaki lança la division Crémer et le 15e corps contre cette armée, mais il était déjà trop tard. Quand il voulut quitter Besançon, le 26, 85,000 Allemands lui barraient les routes au nord, à l'ouest, au sud, et le cernaient comme Bazaine à Metz. Il ne pouvait que, ou s'ouvrir un passage vers le sud-ouest en bousculant l'ennemi, ou se jeter dans les montagnes du Jura pour gagner Lyon par Pontarlier.

La retraite sur cette ville fut décidée ; mais, accablé de douleur, désespéré de son impuissance à rétablir l'ordre, voyant son armée perdue, redoutant les soupçons, Bourbaki essaya de se suicider à la suite d'explications très aigres avec la Délégation de Bordeaux. Celle-ci désirait reprendre Dôle, protéger Dijon et débarrasser nos communications ferrées au-dessus de Besançon. « C'est un martyre « d'exercer un commandement en ce moment. « Remplacez-moi, répondit Bourbaki, la tâche est « au-dessus de mes forces. » — « Je me cousidère « comme perdu », fut sa dernière dépêche. « En « cas de sacrifice de l'armée, avait dit le fameux « Régnier [1] à Bismarck, il se brûlera la cervelle. »

Bourbaki survécut à sa blessure; la balle s'était aplatie sur son crâne. A l'instant où il essayait de mourir, M. de Freycinet le relevait de son commandement.

Retraite sur Pontarlier.

Clinchant, qui le remplaça, accéléra la retraite. Son armée se trouva concentrée à Pontarlier le 28, à l'exception de deux divisions laissées à Besançon pour défendre la place. Cette retraite fut protégée par le général Crémer, toujours très actif, qui sut pousser à temps sa cavalerie et quelques détachements vers le sud pour nous conserver les passa-

1. Procès Humbert.

ges dangereux. Malheureusement, il ne fut pas appuyé.

L'armée de l'Est, à bout de forces, ne se défendait plus. « Elle semait sur les routes montantes,
« couvertes de neiges, ses voitures, son artillerie
« et des masses de traînards. Les chevaux affamés
« se rongeaient queue et crinière, mangeaient le
« bois. Les fusils jetés en tas, les chevaux crevés
« remplissaient les fossés. Cette immense cohue
« gravissait toujours l'indicible calvaire [1]. »

Une division de 3,000 hommes, surprise à Sombacourt par un simple bataillon, se laissa prendre tout entière. Ce bataillon, qui n'eut que 7 hommes hors de combat, dont 2 tués, captura 2 généraux, 48 officiers, 2,700 hommes, 10 canons, 7 mitrailleuses, 48 voitures, 319 chevaux et 3,500 fusils. Ces chiffres nous dispensent de tout commentaire. Le nombre était vaincu par la valeur militaire !

Fausse nouvelle d'un armistice.

C'est sur ces entrefaites que le général en chef reçut une dépêche de Bordeaux lui annonçant la conclusion d'un armistice. Le feu cessa aussitôt des deux côtés, et nos troupes s'étendirent sur le pays pour faciliter le cantonnement et la subsistance,

---

1. P. et V. Margueritte.

bien-être dont on était privé depuis si longtemps. Ces mesures de prévoyance tournèrent malheureusement contre l'armée de l'Est. En effet, l'armistice ne devait être pour elle « qu'une douloureuse « déception venant couronner des souffrances « inouïes[1] ». Le lendemain, hélas! le IIe corps attaquait les Français à Frasnes et leur capturait 1,500 hommes, apprenant ainsi au général Clinchant que l'armistice ne le concernait pas. L'Histoire ne peut que juger sévèrement ceux qui, par un fatal oubli ou une conduite légère, provoquèrent l'irréparable désastre !

Gambetta, apprenant cette nouvelle, se précipita, exaspéré, dans le cabinet de M. de Freycinet, la dépêche à la main, et saisit le général Thoumas par la cravate : « Je comprends, s'écriait-il, qu'un « avocat, tremblant de peur, ait commis cette ba- « lourdise, cette infamie; mais Favre était assisté « d'un général! Que le sang de l'armée de l'Est et « la honte de la défaite retombent sur lui ! »

Manteuffel, qui n'ignorait pas la clause concernant cette armée, avait continué sa marche enveloppante vers Pontarlier. Il avait rétréci le cercle de fer qui nous enserrait, tandis que nous nous étions arrêtés dans un moment où le temps était si précieux. Notre dernière ligne de retraite sur

---

1. Canonge.

Lyon, la route de Monthe, nous était fermée. Il ne nous restait plus que des sentiers encombrés de neige dans lesquels on ne pouvait engager le gros de l'armée. En effet, le colonel Warstenleben, chef d'état-major de Manteuffel, nous apprend que c'est le 31 janvier seulement que les Prussiens nous fermèrent la dernière issue qui restât à l'armée française. En barrant le sentier de la Chapelle-aux-Bois, les tenailles s'étaient refermées.

Passage de l'armée en Suisse.

Nos soldats, si cruellement déçus, ne combattaient plus et se laissaient capturer par milliers. Les Allemands allaient atteindre ces troupes harassées, sans vivres, démoralisées, incapables d'opposer la moindre résistance, lorsque le général Clinchant prit la détermination de franchir la frontière suisse. « A l'égorgement inutile, il préférait con-« server à la France toutes ces pauvres vies. »

Le 1er février, après avoir négocié à Verrières, avec le général Herzog, l'internement de l'armée qui devait déposer ses armes, 90,000 hommes passèrent sur le territoire suisse.

Combat de la Cluse. — Les derniers obus.

Ce mouvement se fit d'abord sous la protection du 18ᵉ corps qui épuisa ses munitions, puis d'une arrière-garde commandée par le général Pallu de la Barrière. Celle-ci, appuyée par le canon du fort de Joux, livra, au défilé de la Cluse, un combat acharné et sauva ainsi notre artillerie.

Pallu de la Barrière se dégageait, dans la soirée, en tenant l'ennemi à bonne distance et gagnait Gex avec une soixantaine d'hommes. Cette mission de sacrifice, si glorieusement remplie, fut le dernier acte de nos troupes en rase campagne.

« Le combat de la Cluse couronnait dignement
« une série d'efforts gigantesques. Il donnait la
« preuve qu'en France les gens de cœur se retrou-
« vent toujours et jetait sur l'agonie de nos forces
« dernières une lueur suprême d'espérance et de
« consolation [1]. »

C'est au combat de la Cluse que fut tué le colonel Achili du 44ᵉ régiment de marche. Blessé depuis plusieurs jours, couvert du sang qui s'échappait de ses blessures, ce héros voulut rester à la tête de son régiment et s'y fit tuer : « Les camarades passent en Suisse », lui disaient ses sol-

[1]. Rousset.

« dats. Raison de plus pour que nous restions en
« France », leur répondait-il, et il tombait sur
cette terre sacrée !

15,000 hommes environ, dont la majeure partie de la division Crémer et la division d'Aries,
du 24° corps, réussirent à s'échapper et atteigni-
rent Gex, par le col de la Faucille, après avoir en-
duré des souffrances surhumaines. Dans cet in-
croyable désastre, tout l'honneur n'avait pas
sombré !

Dès qu'il eut connaissance de l'armistice qui,
cependant, ne le concernait pas, Garibaldi se
replia sur Lyon où le rejoignirent les troupes qu'il
avait chargées de défendre Dijon. Le 1er février,
la brigade Ketteler occupait sans combat cette
ville que le *héros italien* avait quittée à temps.

Ainsi, sans bataille sérieuse, grâce à la har-
diesse de ses conceptions et à leur exécution réso-
lue, le général de Manteuffel avait mis hors de
combat une armée supérieure en nombre à la
sienne. Le maréchal de Moltke attribue ce succès
à des marches, « mais des marches telles que,
« seules, des troupes d'élite, ayant à leur tête
« un chef audacieux et habile, peuvent les exé-
« cuter dans la saison d'hiver et une région
« montagneuse, au prix des plus grandes fatigues
« et des privations de toutes sortes ».

Son entreprise avait été facilitée par l'inaction

de Garibaldi et la désorganisation de nos jeunes troupes épuisées.

Hospitalité de la Suisse.

En entrant en Suisse, nos hommes étaient pour ainsi dire hébétés et ne se rendaient pas compte du désastre. L'instinct de la conservation seul dominait : manger, se chauffer et dormir était leur unique souci. Le colonel fédéral Sécrétan a dépeint le spectacle navrant de l'entrée de nos troupes en Suisse. Notre plume se refuse à décrire de pareilles misères, à évoquer de si tragiques souvenirs ! Nous dirons simplement, comme le héros de Virgile, lorsque, dans son immortel récit, il retrace les événements de la ruine de Troie :

> *Quis talia fando,*
> *Temperet a lacrymis.*

« Peut-on s'empêcher de pleurer, en redisant de telles choses ? »

Ils trouvèrent en Suisse une sympathique et généreuse hospitalité dont la France gardera un souvenir éternellement reconnaissant. Nos braves soldats furent accueillis et soignés au même titre que s'ils eussent été les enfants de ce pays d'honneur et de liberté !

Reddition de Belfort.

Belfort ne se rendit que le 13 février, lorsque son héroïque défenseur, le colonel Denfert, eut reçu du gouvernement français l'autorisation de signer la reddition de la place qu'il avait si bien défendue. Un tableau de Rixens qui orne la salle des Illustres, au Capitole, rappelle que les mobiles de Toulouse l'avaient brillamment secondé.

Cette défense prolongée, dont le souvenir est perpétué par le lion de Bartoldi, devait permettre à M. Thiers de revendiquer et d'obtenir le territoire de Belfort. Juste récompense des prodigieux efforts accomplis par la Défense Nationale!

Hommage aux Turcos.

Nous terminerons ce récit en adressant un éloge particulier aux braves Turcos de l'armée de l'Est.

Venus de l'Algérie avec leur pantalon de coutil, marchant pieds nus dans la neige, se battant toujours avec entrain, supportant les souffrances sans se plaindre, deux cents seulement furent internés en Suisse. Les autres, 2,800 environ, avaient péri en faisant leur devoir!

Après la paix, quand ils quittèrent Genève pour se rendre en Savoie, ils demandaient sans cesse : « Ne sommes-nous pas encore sur la terre de « France? » Quand ils y arrivèrent, tous se jetèrent à genoux et embrassèrent le sol de la Patrie!!...

TROISIÈME PARTIE

Considérations générales.

La recherche des fautes qui ont causé nos désastres et l'étude des enseignements de la guerre, tel est le but poursuivi dans cette troisième partie.

Cela nous a amené, tout naturellement, à faire certains rapprochements entre l'armée d'autrefois et celle d'aujourd'hui. En suivant la France dans son œuvre de relèvement, quelques questions capitales ont été agitées. A notre grand regret, nous ne les avons pas traitées avec tous les développements qu'elles comportaient. Elles n'ont été qu'effleurées, en raison de la nature délicate du sujet, et pour ne pas dépasser les limites de notre modeste conférence.

L'Assemblée nationale de Bordeaux.

Le 12 février, le Gouvernement de la Défense remit ses pouvoirs à l'Assemblée Nationale qui se réunit à Bordeaux. Quelques jours après, M. Thiers, chef du pouvoir exécutif, fut envoyé à Versailles pour y négocier la paix avec Bismarck. Les préliminaires [en furent arrêtés le 26 février. Le vainqueur demandait l'Alsace moins Belfort, une grande partie de la Lorraine et cinq milliards. Nous devions supporter tous les frais de l'occupation de l'armée victorieuse jusqu'au payement intégral de cette énorme indemnité. De plus, les troupes françaises ne pouvaient dépasser la rive gauche de la Loire en attendant la conclusion définitive de la paix.

Le 1ᵉʳ mars, l'Assemblée vota, dans un morne silence, ces conditions si dures par 546 voix contre 107, vote qui provoqua le départ immédiat des représentants de l'Alsace et de la Lorraine. Le même jour, elle prononça solennellement, à l'unanimité, la déchéance de l'Empire, « auteur res-« ponsable des désastres qui la forçaient à accep-« ter cette paix cruelle ». Elle ratifiait ainsi la révolution du 4 septembre et l'établissement de la République.

Traité de Francfort.

Le traité de Francfort, signé le 10 mai 1871, faisait à la France, en lui enlevant deux de ses provinces les plus françaises, une blessure qui saignera toujours. En effet, Metz et Strasbourg, qui s'étaient volontairement données à la France en 1552 et en 1681, devenaient villes allemandes. La raison du plus fort l'emportait sur le droit historique, contrairement à la parole de Mirabeau : « *Le droit est le souverain du monde* ». L'œuvre de l'unité nationale était remise en question. Des frontières conquises depuis des siècles, retournées contre nous, devenaient les citadelles et les boulevards de l'ennemi. La Prusse prenait sa revanche d'Iéna, car elle croyait bien écraser la France et nous épuiser pour longtemps en exigeant cette énorme indemnité de cinq milliards.

Pillages et excès allemands.

« Mais qui fera le compte des centaines de
« millions extorqués sous prétexte de contribu-
« tions de guerre ; des réquisitions imposées
« aux communes et des rançons levées sur les
« particuliers ; des vols de meubles, d'argente-
« rie, de livres, d'objets d'art et de science expé-
« diés au delà du Rhin ; des destructions de mai-
« sons et de châteaux, de fermes et de villages
« entiers sans nécessité de défense ; des meurtres
« de sang-froid ou contre le droit des gens ; des ra-
« pines sous tous les prétextes ; des violences sous
« tous les noms ; des outrages sous toutes les for-

« mes, dont l'Allemagne, dans sa haine invétérée
« contre la France, s'est rendue coupable durant
« cette guerre de dix mois qui a rappelé, par ses
« dévastations méthodiques, les plus mauvais
« jours des anciennes guerres[1] ? »

On peut affirmer, sans crainte d'être taxé d'exagération, que cette funeste guerre a coûté à la France une douzaine de milliards enlevés ainsi aux œuvres de la paix, de la science et de la civilisation. Mais un pays n'est pas déshonoré parce qu'il a été vaincu ; une nation n'est pas morte parce que la fortune des batailles a tourné contre elle. On répare les pillages, si âpres que puissent être les cupides exigences d'un vainqueur qui fait de la guerre une exploitation et de la victoire un de ces placements avantageux destinés à rapporter des milliards. On se relève de tout cela par des sacrifices et de l'économie.

Causes de notre défaite.

Le moment est venu de rechercher quelles ont été les causes de notre défaite.

Il faut attribuer nos désastres aux imperfections capitales de notre organisation militaire en 1870, à notre infériorité numérique et aussi à la décadence

1. Victor Duruy.

progressive de nos institutions militaires. Signalons comme causes principales :

1º L'emploi défectueux de la cavalerie, le peu d'instruction de cette arme en vue de la guerre.

2º L'emploi défectueux de l'artillerie, l'infériorité de son matériel, le défaut d'instruction de son personnel.

3º L'instruction nulle de l'infanterie au point de vue du tir de guerre.

4º L'ignorance, l'oubli complet des moyens de sécurité soit en marche, soit en station.

5º L'influence nulle du haut commandement sur la direction de l'instruction dans les manœuvres.

6º L'emploi contre des masses aguerries d'éléments, braves, peut-être, mais manquant de résistance, d'éducation militaire et de cohésion.

7º Le manque de soutiens et de réserves, tandis que les Allemands étaient toujours renforcés à temps. Ils évitaient les déploiements prématurés et obtenaient le succès à la suite d'efforts successifs.

8º L'emploi de la défensive, peu convenante au caractère et à l'énergie du soldat français, tandis que l'offensive ennemie permettait l'enveloppement.

Notre armée avant 1870[1].

Quelques années avant 1870, notre armée, déjà faible comme effectif, n'avait qu'un matériel insuffisant. L'infanterie se servait encore des fusils se chargeant par la bouche, et nos places fortes manquaient de canons rayés. Nos troupes de deuxième ligne n'existaient pas.

Le maréchal Niel, nommé ministre de la guerre, en 1867, s'efforça d'organiser l'armée en prévision d'une guerre contre la Prusse que le canon de Sadowa semblait rendre prochaine. Il donna à l'infanterie autant de nouveaux fusils Chassepot qu'on en put fabriquer, pourvut de canons rayés les places principales de l'Est et augmenta l'artillerie de trente-quatre batteries nouvelles. Il élabora la loi militaire du 1er février 1868 qui augmentait l'effectif de l'armée active, créait l'armée de réserve et la garde nationale mobile, portant ainsi à 400,000 hommes l'effectif de chacune des armées de 1re, de 2e et de 3e ligne.

Malheureusement, le temps de transformer la France en une « *vaste caserne* » nous manqua. La réserve ne pouvait avoir de consistance avant cinq ou six ans, et la garde mobile n'était ni instruite,

1. D'après Dussieux.

ni équipée, ni même régulièrement constituée : elle n'existait, en 1870, que sur le papier, et encore d'une manière incomplète.

En ne demandant que 15 millions pour l'organiser, le maréchal Niel prouvait qu'il n'avait foi que dans l'armée active, la seule capable de soutenir l'effort des Allemands.

Son successeur, le maréchal Lebœuf, céda aux doléances de certains membres du Parlement qui trouvaient que nos dépenses militaires étaient exagérées. A ce moment-là, quelques humanitaires parlaient déjà de désarmement !

Le ministre de la guerre prit donc certaines mesures regrettables pour plaire à cette Chambre avide d'économies. Il diminua le budget de la guerre, réduisit de 10,000 hommes le contingent annuel, multiplia les congés, refusa de transformer des batteries à pied en batteries montées, diminua de moitié les crédits demandés pour subvenir aux dépenses de la garde mobile, etc., etc. Il croyait, avec beaucoup d'autres, que la diplomatie saurait nous procurer des alliés et conjurer la guerre. Les événements devaient bientôt lui prouver qu'il nous manquait bien plus que des « boutons de guêtre ».

En tactique, une instruction sur les tirailleurs, parue en 1868, avait à peine modifié nos vieilles formations de 1791. Les tranchées-abris du maréchal Niel rendirent quelques services, mais, en forçant le soldat à la défensive, elles lui enlevèrent tout élan.

Notre fusil Chassepot était bon, mais la fabrication en avait commencé trop tard. Dès le mois d'août, on demanda 15,000 fusils à l'étranger.

Le fantassin français, si bon marcheur autrefois, était devenu plus lourd que le fantassin allemand. En 1859, les Prussiens avaient remarqué que, de Magenta à Solférino, nous n'avions parcouru que 8 kilomètres par jour.

La cavalerie n'avait pas changé de tactique; elle en était toujours aux charges par grandes masses. Elle ne savait ni couvrir nos armées, ni les avertir des mouvements de l'ennemi. La cavalerie allemande, au contraire, faisait des reconnaissances au loin, masquait habilement son armée et observait ce que faisait la nôtre. Aussi avons-nous été attaqués à l'improviste à Wissembourg, à Wœrth, à Forbach, à Borny, à Beaumont où les Prussiens placèrent leurs canons à 400 mètres du camp du général de Failly sans avoir été aperçus. Du reste, M. le colonel de la Brousse, dans une de ses conférences, nous a édifiés sur le rôle de notre cavalerie en 1870.

L'artillerie allemande était de beaucoup supérieure à la nôtre. Tandis que nous n'avions encore que le canon de 4 en quantité relativement faible, les Prussiens amenaient sur le champ de bataille des centaines de canons Krupp, en acier, se chargeant par la culasse, au tir plus rapide et plus juste et d'une portée beaucoup plus longue.

M. Krupp, qui avait été largement récompensé pour ses canons à l'Exposition universelle de 1867, proposa au gouvernement français de lui fabriquer toutes les bouches à feu dont il aurait besoin. On repoussa sa proposition.

Le génie n'avait rien fait pour mettre nos places à l'abri du bombardement et de l'incendie. Elles manquaient aussi d'approvisionnements, de canons, d'obus, de garnison et d'artilleurs. Les forts avancés de Metz étaient à peine commencés et rien n'était fait ni à Strasbourg ni à Belfort.

La mobilisation et la concentration des troupes n'étaient pas préparées à l'avance. Les corps d'armée et les divisions n'existaient pas comme en Allemagne. Les hommes qui devaient renforcer les bataillons de guerre passaient préalablement au dépôt où on les habillait avant de rejoindre leur régiment. Après avoir parcouru la France du nord au sud, ils la retraversaient du sud au nord.

Nos généraux avaient pris en Algérie l'habitude de ne pas s'inquiéter de la question des subsistances. La troupe ne vivait que sur les convois organisés par les soins de l'intendance. Ce système, conservé en 1870, donna des résultats déplorables.

Les compagnies de chemins de fer n'avaient pas été exercées au transport des troupes. En Allemagne, au contraire, elles jouèrent un rôle stratégique important. Les armées allemandes envahissaient la France pendant que la nôtre cherchait encore à se former au milieu d'un désordre complet.

Les arsenaux étaient presque vides. Cartouches, munitions, voitures, équipages, moyens de transport, vivres, fours de campagne, tout faisait défaut.

Le régime impérial avait énervé les officiers. Un système prédominant de favoritisme décourageait avec raison de précieux serviteurs devant lesquels ne s'ouvraient que de faibles perspectives d'avenir. Cependant, ces derniers, les plus anciens des grades subalternes, constituaient, en moyenne, le meilleur élément de l'armée. En eux se trouvaient représentées la vieille expérience, les précieuses qualités de caractère, résultats des diverses guerres de l'Empire.

A défaut d'un système où l'étude et l'intelligence auraient été la règle de l'avancement, les grades au choix étaient dus presque exclusivement au favoritisme. On a lu, depuis, sur les papiers trouvés aux Tuileries, des recommandations faites par l'impératrice en faveur de certains officiers et ainsi conçues : « Bon danseur, valseur intrépide. » Les officiers qui n'avaient pas de recommandations puissantes ne pouvaient pas avancer et le découragement s'emparait d'eux. Les uns, sûrs d'arriver quand même, ne faisaient que le strict nécessaire ; les autres, certains de n'arriver à rien, faisaient de même. La paresse était à l'ordre du jour ; nos officiers, peu instruits, étaient dépourvus de connaissances sérieuses en tactique et en stratégie.

Si le favoritisme désorganisait le corps des officiers, l'exonération désorganisait celui des sous-officiers et des soldats. L'argent avait amoindri l'esprit excellent de l'armée nationale que la France avait établi en 1793.

La discipline, minée par certains journaux, s'était notablement relâchée dans l'armée. Ils parlaient déjà « des casernes où le soldat pourrit « dans une oisiveté forcée et des sabres qui traî-« nent sans jamais sortir du fourreau ».

Le besoin de luxe et de jouissance qui s'était emparé de toute la nation régnait dans l'armée comme ailleurs. Le peuple s'était un peu détaché de nos institutions militaires battues en brèche depuis quelque temps déjà. Ces résultats avaient été provoqués par une coupable négligence du pouvoir et par l'opposition de certains membres de la Chambre qui demandaient d'abord la suppression de l'armée permanente, *devenue un instrument de règne*, et en second lieu l'armement de toute la nation.

On n'entendait plus au Parlement ces appels d'autrefois, inspirés par le plus pur et le plus ardent patriotisme, ces discours qui avaient provoqué le généreux élan des volontaires de la Révolution !

Le député girondin Vergniaud n'était plus là pour s'écrier comme il le faisait quelques jours avant Valmy : « Citoyens, abjurez vos dissensions « intestines. Allez tous au camp, c'est là qu'est « notre salut. L'ennemi serait bien insensé de ne « point nous surprendre dans nos discordes, de « ne point triompher sur nos ruines. Au camp, « citoyens, au camp ! Oublions tout, excepté la « Patrie ! »

« Si, plus tard, Gambetta a tout obtenu de la « France, c'est qu'il était l'incarnation du patrio- « tisme français ranimé par son souffle vraiment « national et parce qu'il avait maintenu la défense « nationale au-dessus des intérêts de parti[1]. »

Si l'armée française a été vaincue, ce n'est point seulement par le courage de ses adversaires, mais par un fatal concours de circonstances défa-

1. De Kératry.

vorables. Alors que nos généraux ne possédaient même pas les cartes du théâtre de la guerre, le dernier des soldats prussiens avait dans son havre-sac un indicateur savamment établi.

Ce fut à des prodiges d'industrie et de patience, accomplis par un officier d'infanterie de marine, M. Jusselain, qu'on dut les 15,000 cartes qui furent distribuées aux états-majors des armées de province pendant les quatre mois de la campagne.

Après avoir présenté notre armée de 1870 sous un jour si sombre, nous dirons, au contraire, que la Prusse était archi-prête et que Bismarck paraissait certain du succès. Une confiance absolue régnait dans tous les rangs de l'armée et de la société. Vainement, M. Thiers s'éleva contre cette guerre : « Vous êtes la trompette antipatriotique « du désastre. Allez à Coblentz », lui criait à la Chambre le marquis de Piré. « Insultez-moi, « répondit-il, je suis prêt à tout subir pour dé-« fendre le sang de mes concitoyens que vous êtes « prêts à verser si imprudemment! » Nobles paroles, enregistrées par la France, à la gloire du « *Libérateur de son territoire* ».

L'œuvre de relèvement.

Heureusement, la France ne s'est pas contentée de pleurer sur ses désastres; elle s'est mise à les réparer : au prix de quels grands sacrifices, le monde le sait ! Mais ces sacrifices ne sont pas perdus, puisque grâce à eux l'honneur se relève. Or, l'honneur des nations, comme celui des individus, c'est le trésor qu'on ne paye jamais trop cher.

Après l'effondrement de 1870, la France, pour reconstituer sa puissance militaire, s'inspira à nouveau du principe de la Révolution : « Tout Fran-« çais doit le service militaire personnel. » L'Assemblée nationale de 1871 vota les lois et les sommes nécessaires pour rendre à la France la force qui lui était indispensable afin d'assurer son existence.

« Il fallut créer les corps d'armée permanents ; « organiser un mode de mobilisation rapide et le « service des transports militaires par chemins de « fer ; reconstituer la défense de nos frontières ; re-« faire notre matériel d'artillerie ; adopter une « nouvelle tactique ; transformer le service de la « cavalerie ; supprimer l'état-major fermé ; réorga-« niser l'intendance ; créer le corps du contrôle de « l'administration de l'armée ; rendre le service de « santé indépendant de l'intendance ; organiser la « télégraphie militaire, les communications aérien-« nes et les aérostats ; combattre la routine et la « remplacer par l'étude et le travail ; utiliser toute « conquête scientifique pour en faire bénéficier « l'art militaire. Nous dépensâmes deux milliards

« et demi pour défendre nos frontières et refaire
« notre armement[1]. »

L'idée de revanche poussa tous les officiers
vers l'étude et le travail. Ils cherchèrent à se tenir
au courant des progrès réalisés non seulement en
France, mais encore et surtout à l'étranger. Les
revers de 1870 avaient du moins comporté l'avantage de provoquer ce mouvement qui, depuis, n'a
fait que s'accentuer. Impulsion vigoureuse· dont
l'armée d'aujourd'hui a recueilli les fruits !

Principes, base de nos règlements.

La France a puisé à l'école du malheur les éléments qui ont contribué à son relèvement. Au point
de vue tactique, la guerre de 1870 a mis en évi-
dence :

1° La supériorité de l'offensive qui était autrefois de tradition dans les armées françaises.

2° L'importance du feu comme mode d'action
de l'infanterie et le moyen de s'y soustraire par des
formations en ordre dispersé.

3° La nécessité de savoir utiliser le terrain.

4° L'accroissement du rôle de l'artillerie qui tend
à devenir le régulateur du combat et dont l'action

1. Dussieux.

par masses est indispensable pour frayer la voie de l'infanterie.

5° Le peu d'efficacité des charges de cavalerie devant les armes à longue portée et à tir rapide.

6° Le rôle considérable dévolu à la cavalerie : *avant* l'action, dans le service d'exploration et de sûreté ; *pendant* l'action pour garder les flancs et menacer ceux de l'adversaire ; *après* l'action, pour effectuer la poursuite, reprendre et conserver le contact.

Ces principes sont aujourd'hui la base de tous nos règlements.

Les armées improvisées.

Nous nous sommes efforcé de démontrer, en exposant les opérations militaires, ce qu'on était en droit d'attendre des armées improvisées. Nous sommes bien obligé de reconnaître que, si nos soldats ont sauvé l'honneur, s'ils ont su, parfois, mourir glorieusement, ils ne purent empêcher la défaite définitive que tant de causes rendaient inévitable. Les armées de province, disons-le bien haut, restèrent impuissantes ! Que le désastre d'Orléans, la retraite sur Le Mans, la débandade des mobiles du Nord et la déroute de l'armée de l'Est nous gardent à jamais des utopies dangereuses de tous ceux qui croient qu'il suffit de frapper la terre du pied pour en faire surgir les légions nécessaires à l'indépendance du pays !

Nous savons, aujourd'hui, que le courage et le dévouement ne suffisent pas pour donner la victoire. Il ne suffit pas de courir à la frontière dans un élan d'enthousisme lorsque vient le moment du danger. Il est indispensable de se préparer de longue date à une lutte de l'issue de laquelle dépendra le salut ou la ruine de notre pays. .

Gambetta, lui-même, condamne ces armées improvisées dans une lettre tout à fait confidentielle et personnelle adressée à M. Jules Favre, le 16 janvier 1871. « Le caractère particulier des armées « que nous formons, c'est de manquer de solidité « et d'haleine. Elle ne peuvent surtout supporter « une série de combats qui prennent plusieurs « semaines, entremêlés de succès, mais qui n'ont « pas encore amené une grande victoire de nature « à les enflammer pour longtemps.

« C'est ce qui vous explique que, depuis le com- « mencement de la guerre, nos diverses armées « ont eu tour à tour besoin de se refaire et de se « reconstituer. C'est un mécanisme trop hâtive- « ment fabriqué et appareillé, qui ne peut marcher « qu'un certain nombre de jours et qu'il est néces- « saire de remonter d'une façon chronique. »

Danger des milices.

Des milices, de quelque manière qu'elles soient exercées et disciplinées, sont toujours très inférieures à des troupes organisées et disciplinées. L'histoire de tous les siècles atteste cette vérité.

L'armée régulière de Philippe de Macédoine vainquit, malgré une vive résistance, les milices si braves et si bien exercées des principales républiques de la Grèce et les milices mal organisées du vaste empire des Perses.

Les armées romaines qu'Annibal eut en tête à La Trébie, à Trasimène et à Cannes étaient des milices opposées à des troupes régulières ; nous connaissons leur sort.

C'est avec des armées régulières que Marius a exterminé les Cimbres et les Teutons, et que César a conquis la Gaule.

L'histoire de l'Empire, à partir de 1813, est encore là pour nous prouver que les jeunes levées de Napoléon ne parvinrent jamais, malgré leur bravoure, à remplacer la Grande-Armée qui avait fait flotter le drapeau tricolore sur toutes les capitales de l'Europe. Leipzig, Paris, Waterloo devaient éclipser, hélas, le beau soleil d'Austerlitz !

N'avons-nous pas vu, au début de la guerre du Transwaal, les braves boers remporter de brillants succès contre les milices anglaises du Cap? Cependant, ils ne purent que tomber noblement lorsque, plus tard, ils eurent à combattre l'armée régulière.

Les milices ne peuvent remporter de victoires que sur d'autres milices. La discipline, qui fait la force principale des armées, n'existe que chez les troupes formées et instruites. Or, la valeur des hommes, comme le démontre la surprise de Sombacourt, constitue un facteur bien plus important que le nombre.

En 1870, les Allemands n'ont commencé la campagne qu'après l'arrivée des réservistes. Ces derniers entraient pour moitié dans les effectifs sur le pied de guerre, proportion qui, d'après de Moltke, devait donner des troupes solides. Mais on a remarqué depuis, au delà du Rhin, que plus une armée contient de réservistes, plus sa valeur diminue; ils veulent éviter de les mettre en ligne au début des hostilités.

Aussi ont-ils accru les effectifs de paix, surtout sur les frontières, ce qui leur permet de supprimer les réservistes dans l'armée du début, l'armée de choc. Ils préfèrent des troupes moins nombreuses, mais d'une valeur supérieure. Comme preuve à l'appui, nous citerons le discours prononcé, il y a quelques années déjà, par le Ministre de la Guerre au Reichstag :

« C'est l'armée de campagne qu'on doit rendre

« plus forte, et, spécialement, cette partie de l'ar-
« mée de campagne qui est appelée à porter le
« premier coup en cas de guerre. Les formations
« de réserve et les formations nouvelles ne sont
« pas des troupes d'élite; j'estime qu'il faut re-
« garder à deux fois avant de se risquer à les
« mettre en première ligne dès le début de la
« guerre. Elles peuvent avoir très belle apparence,
« mais elles sont, au début, incapables de sup-
« porter les chocs et les fortes secousses. L'unique
« moyen d'accroître la puissance effective de l'ar-
« mée de campagne consiste à augmenter les forces
« constituées sur le pied de paix; pratiquement,
« on ne renforce rien en plaçant sur un même
« rang les formations déjà existantes et les nou-
« velles mises sur pied au début de la guerre pour
« les envoyer côte à côte contre l'ennemi. »

Les Allemands veulent donc entrer en campagne
sans retard, avec une armée de paix vigoureuse et
bien instruite suivie d'énormes réserves. La première brisera tout d'abord la résistance de l'ennemi et fera le trou que les troupes de seconde
ligne seront chargées d'agrandir.

Pourrions-nous résister avec des milices nationales à un effort si puissant?... Il suffit de poser
cette question pour démontrer clairement la nécessité, pour nous, d'une forte armée permanente.

Souvenirs personnels d'un général de 1870.

Le général Jobey, colonel en 1870, dont le régiment faisait partie du 16e corps, a bien voulu nous raconter quelques souvenirs personnels qui nous fixent sur la valeur des armées improvisées.

Son régiment, le 40e de marche, avait été constitué à l'effectif de 4,000 hommes. Un major, trois trésoriers et cinq capitaines étaient les seuls officiers tirés de l'armée active. Tous les autres provenaient d'éléments nouveaux et surtout de caporaux et de sergents rappelés qu'on avait nommés sous-lieutenants.

Après la bataille d'Orléans, ce régiment, très éprouvé, avait perdu 26 officiers. Le colonel évalue à 1,500 le nombre des fuyards. Impossible de les retenir; ils allèrent jusqu'à tirer sur leur colonel qui essayait d'arrêter la débandade. Trois cents fuyards du 15e corps, recueillis par lui, s'enfuirent de nouveau, après avoir bien mangé, sous prétexte de rejoindre leurs régiments. Or, ces déserteurs prenaient pour cela une direction opposée. Des officiers furent arrêtés à Brest !

Les grand'gardes s'installaient à 100 mètres seulement du front de bandière, et souvent les sentinelles regardaient du côté opposé à l'ennemi.

A Beaugency, des compagnies d'infanterie placées en soutien de l'artillerie abandonnèrent leurs postes. Les Prussiens s'emparèrent de quelques pièces chargées et lancèrent des obus français sur nos colonnes!...

Les fuyards devançaient l'armée et pillaient tout. Certain jour, le colonel, exténué, comptait trouver un peu de repos dans une grande ferme. Mais les lits étaient occupés par les fuyards et il fallut faire appel à la force pour les obliger à partir. L'autorité des généraux même était méconnue!

Le 15 janvier, avant le combat de Saint-Jean-sur-Erve, les bulletins d'appel permirent de constater que le 40ᵉ de marche ne comprenait plus que 241 hommes. On en forma deux compagnies que l'on chargea de garder le pont.

Aussi, le colonel Jobey, ayant encore 30,000 fr. dans sa valise, put-il se passer des services de M. Georges Cavalier, le mandataire de Gambetta, qui lui offrait de l'argent pour l'entretien de son régiment.

Le général Jobey, qui vit aujourd'hui retiré dans un faubourg de Toulouse (au Busca), a pris une part glorieuse à la bataille du Mans en défendant les abords de Pontlieue.

Ce vieillard a conservé fidèlement le souvenir des événements de 1870. Son accueil a été des plus aimables; il semblait même tout heureux, en nous communiquant ses impressions, de pouvoir se rendre encore utile à son pays.

Les volontaires de 1792-1793.

Malheureusement, on entend dire, parfois, que les armées régulières sont inutiles et qu'il suffira à la France, nous le répétons, de frapper le sol de son pied énergique pour en faire jaillir des légions triomphantes. Cette thèse est illustrée par les volontaires de 1792 qui auraient sauvé la France. Il est indispensable de détruire cette légende.

Quand ils partaient pour la frontière menacée, en 1791 et surtout en 1792, les volontaires ne formaient, malgré leur bonne volonté, que des masses turbulentes, indisciplinées, non organisées, mal commandées et hors d'état de faire la guerre contre des troupes solides et bien exercées. Au bout de deux ans d'efforts stériles, quand la Révolution établit enfin le grand principe du service obligatoire (16 août 1793), ils furent amalgamés avec l'armée régulière, où la discipline les transforma et en fit d'excellents soldats.

Lorsque la guerre éclata, en avril 1792, l'armée régulière était bonne, mais peu nombreuse. Elle comprenait 218 bataillons, 206 escadrons et 14 bataillons d'artillerie. C'est avec cette armée, organisée de vieille date, que nous avons d'abord résisté à l'ennemi quand « *la Patrie fut en danger* ».

Il a fallu dix-huit mois, d'avril 1792 à septembre 1793, pour tirer parti des volontaires en les encadrant dans cette armée. Nos troupes eurent à leur tête des généraux instruits et expérimentés qui, changeant les lois de la tactique, combattirent l'ennemi avec une nouvelle méthode : l'emploi d'essaims nombreux de tirailleurs donna les meilleurs résultats. Enfin, l'ensemble des opérations fut dirigé par un homme très habile et très compétent, Carnot, l'organisateur de la victoire. Nos volontaires ne vainquirent donc pas par la seule force de leur enthousiasme républicain !

On n'a pas plus improvisé les généraux que les armées et la victoire. C'est encore une erreur de croire que les généraux de la République sortirent tous, comme par enchantement, des rangs des soldats.

Beurnonville, Custine, Dumouriez, La Fayette, Rochambeau, Luckner, Montesquiou, Kellermann, etc., qui tinrent tête à l'ennemi à la première heure, étaient déjà généraux dans l'ancienne armée.

Aubert-Dubayet, Bernadotte, Berthier, Caffarelli, Carnot, Dampierre, Desaix, Dugommier, Duroc, Gudin, Lassalle, Macdonald, Marmont, Moncey, Serrurier, Bonaparte, etc., y étaient aussi comme officiers.

Hoche, Montbrun, Ney, Rapp, Soult, etc., avaient appartenu, comme sous-officiers ou soldats, à nos vieux régiments.

Augereau, Clausel, Davout, Kléber, Jourdan, Lecourbe, Marbot, Masséna, Oudinot, Pérignon, Pichegru, etc., faisaient également partie de l'ancienne armée; mais, élus capitaines ou chefs de bataillon par les volontaires, ils devinrent généraux de bonne heure.

Seuls, Bessières, Brune, Cambronne, Championnet, Excelmans, Gouvion-Saint-Cyr, Joubert, Junot, Lannes, Marceau, Moreau, Murat, Reille, Suchet, etc., provenaient des volontaires. Remarquons qu'il leur fallut plusieurs années pour devenir généraux, malgré leurs aptitudes et la rapidité extraordinaire de l'avancement, ce qui nous prouve que l'on n'improvise pas plus les généraux que les soldats.

Il nous a paru utile de détruire la légende des volontaires de 1792, qui ne formaient, avant l'embrigadement, répétons-le, que des masses confuses et inutilisables. Indisciplinés et sans instruction militaire, ils se débandaient et se sauvaient au premier coup de fusil, en criant à la trahison.

Ce sont surtout les vieux régiments qui, après la défaite de Dumouriez, arrêtèrent l'ennemi pendant six mois en défendant nos places fortes, donnant ainsi aux volontaires le temps de s'aguerrir, et à la Convention celui de réorganiser l'armée. Ce n'est qu'en septembre 1793, lorsque les armées de la République furent instruites et bien commandées, qu'elles purent prendre l'offensive et que le drapeau tricolore put voler de victoire en victoire. Non seulement elles délivrèrent le pays de l'invasion étrangère, mais elles conquirent les plus belles provinces et firent trembler les vieilles monarchies !

On connaît l'histoire de ces légions immortelles qui, levées pour la défense de la patrie et non pour la conquête et l'oppression des autres peuples, triomphèrent partout et enveloppèrent la France d'une immense auréole de gloire! Les hauts faits des armées de Sambre-et-Meuse, de Rhin-et-Moselle et d'Italie resteront toujours parmi les plus glorieux souvenirs de nos annales militaires !

Modifications dans l'art de la guerre.

L'art de la guerre a évolué de nos jours, dirons-nous encore à ceux qui nient l'utilité d'une armée permanente et sa préparation. Un petit nombre d'hommes décidés, conduisant à l'assaut les phalanges populaires, ne renouvelleront plus les miracles de l'épopée révolutionnaire. La réussite, aujourd'hui, est dans le calcul, et ceux qui s'imaginent qu'ils improviseront les armées de la liberté ouvrent nos frontières à l'invasion.

Le matériel de guerre ne s'improvise pas. La fabrication des munitions exige des spécialistes et un outillage compliqué. Les télégraphes et les voies ferrées sont des éléments de force tout-puissants ; la mobilisation, qui demandait des mois, n'est plus qu'une question de jours. Avec les armes actuelles, il suffit d'un petit nombre de soldats pour exterminer des masses compactes. Nous connaissons tous les effets foudroyants de notre nouveau matériel d'artillerie. La victoire ne peut s'obtenir que par la mise en œuvre, sur le champ de bataille, de toutes les forces actives du progrès.

La France s'est montrée assez éprise d'idéal humanitaire pour qu'on ne puisse lui reprocher de se désintéresser du courant d'idées qui se manifestent de nos jours ; mais, est-il prudent pour elle de devancer son temps ?

Le désarmement.

C'est encore un devoir pour nous de réfuter les sophismes de ceux qui vont jusqu'à proposer le désarmement de la France. A n'envisager que le côté humanitaire et économique de la question, on serait forcé de reconnaître que cette idée est grande et généreuse. La paix perpétuelle est l'une des aspirations des âmes fortes ; aussi est-elle le rêve de beaucoup de nos hommes d'Etat. Mais son triomphe sera impossible tant qu'une lente transformation n'aura pas changé les instincts de l'humanité. Néanmoins, cette belle idée restera l'honneur de notre époque. Celui dont le génie sera assez puissant pour substituer l'arbitrage à la guerre et le droit à la force, sera certainement le plus grand bienfaiteur des temps futurs. Malheureusement, nous supposons que ce jour est encore éloigné. Pendant longtemps, les Etats devront entretenir de puissantes armées, car la science, au service de la morale, ne suffit pas à assurer le bonheur des peuples.

« Comment organiser ces millions d'hommes « qui composeraient nos milices ? demanderons- « nous à ceux qui réclament l'armement de toute « la nation. Où trouver les armes et le maté- « riel ? Quel chef mettre à leur tête ? Ce sont des « utopies qui ne peuvent germer que chez les « démolisseurs de la Patrie[1]. »

On ne peut que se réjouir d'entendre nos hommes d'Etat prononcer des paroles de paix, parce que la guerre traîne à sa suite un cortège de maux. Pourtant, n'est-il pas des cas où elle est nécessaire, où la nation la plus pacifique se trouve

----

1. Marazzi.

entraînée à faire la guerre, soit pour secourir un allié, soit pour prévenir un accroissement de puissance dangereux pour sa propre sûreté, soit pour d'autres causes aussi légitimes?

La civilisation, elle-même, ne doit-elle pas à la guerre quelques-uns de ses progrès?

« La défense du droit, tel est le seul but que la
« raison et la conscience assignent à la force, à la
« guerre, aux institutions. Mais le droit a besoin
« de la force pour prévaloir dans le monde, pour
« y faire régner la paix et l'harmonie. Un peuple
« qui ne s'appliquerait pas à cultiver, à dévelop-
« per sa force, serait incapable, non seulement
« de remplir sa mission de justice et de progrès,
« mais encore de défendre sa propre indépen-
« dance, sa propre existence, contre des agressions
« injustes : il se mettrait à la merci de ses voi-
« sins. »

On ne peut donc nier que la guerre soit non seulement légitime, mais nécessaire, quand il s'agit pour une nation de repousser une agression inique et de faire respecter, en même temps que son territoire, son indépendance intérieure.

Nous dirons même que la guerre est un élement de progrès : les peuples les plus riches, les plus civilisés, les plus dominés par l'idée de patrie, sont ceux qui ont traversé les plus longues périodes de guerre et qui savent tout le sang que leur a coûté leur liberté! Les terribles leçons de 1870 n'ont-elles pas provoqué cet élan national qui a fait, depuis, la prospérité de la France?

Conflits en perspective.

En Europe, tous les cœurs sont à la paix, tous les discours affirment son maintien, et, chose bizarre, tous les actes n'ont en vue que la préparation à la guerre. La prudence et le devoir nous contraignent à cette préparation puisque c'est notre seul moyen de repousser des agressions que nous n'aurons pas provoquées et que, en conséquence, nous ne devons pas subir.

Ne voyons-nous pas l'Europe ou, pour mieux dire, le monde entier menacé de conflits peut-être inévitables?

La rivalité industrielle et commerciale entre l'Allemagne et l'Angleterre, qui se disputent le marché de l'Amérique du Sud et de l'Extrême-Orient, devient chaque jour plus aiguë. Ne provoquera-t-elle pas le choc?

Est-ce que les Etats-Unis, excités par leurs victoires, ne vont pas poursuivre la politique de conquête?

La Russie et le Japon, à l'heure où nous écrivons (1er février 1904), ne sont-elles pas en pleine période de tension politique? Leur différend ne mettra-t-il pas le feu aux poudres [1]?

Le partage déjà commencé de la Chine ne nous réserve-t-il pas bien des surprises et peut-être bien des désastres?

La situation de l'Autriche, où la lutte entre les différentes nationalités de l'empire est si violente, est-elle faite pour nous rassurer sur l'avenir? Que se passera-t-il à la mort du vieux monarque?

La Turquie semble-t-elle plus tranquille et plus sage?

La question d'Orient ne va-t-elle pas se rouvrir dans les Balkans?

La France avait-elle prévu Fachoda?.....

Et le Maroc?.....

Angoissantes questions que nous nous contentons de poser à tous les humanitaires ou *pacifistes* en leur répétant que l'enthousiasme patriotique, pas plus que les autres facteurs moraux, ne suffirait pas à nous donner le succès à cette époque où l'armement et le matériel sont si perfectionnés.

En outre, M. Clémenceau ne nous rappelait-il pas récemment que la blessure de 1870 restait toujours saignante? « La France, disait-il, peut-« elle feindre de ne pas entendre les cris d'appel

---

1. Quel exemple plus frappant de cette fatalité de la guerre que le conflit où Nicolas II a été entraîné, en dépit des efforts bu'il a faits pour maintenir la paix (10 février)?

« des enfants arrachés à ses entrailles? Les peu-
« ples, pas plus que les hommes, ne peuvent vivre
« sans honneur! »

Il n'appartient donc pas à la France, *démembrée*,
de se laisser aller au sentimentalisme du désarmement. Tout au plus pourrions-nous faire entendre à nos voisins ce mot du champ de bataille de
Fontenoy : « Après vous, Messieurs. »

Permettez-nous de vous citer à ce sujet la noble
réponse faite, il y a quelques mois, par M. Georges
Leygues, député, ancien ministre de l'instruction
publique, du haut de la tribune française :

« Nous sommes amis de la paix, nous souffrons
« des charges militaires, mais il y a des choses que
« nous n'oublierons jamais.

« Nous ne voulons pas qu'on puisse croire au
« dehors que la France renonce à son devoir et
« prononce elle-même la déchéance de ses plus
« légitimes revendications. Nous ne voulons pas
« leurrer de faux espoirs notre jeunesse de demain
« et amollir les courages auxquels, à une heure
« quelconque, nous pourrons avoir à faire appel.
« Nous avons souci de notre dignité, de notre
« fierté. On a parlé de l'avenir économique. Rap-
« pelez-vous ce vieux dicton : le fer appelle l'or.

« C'est au lendemain des victoires de 1870 que
« l'Allemagne est devenue une grande nation éco-
« nomique et nous a chassés du marché du monde.

« Nous aussi, nous sommes soucieux de paix et
« de solidarité universelle, mais nous ne voulons
« pas être dupes de notre générosité naturelle.

« Descendons des cimes d'où l'on n'aperçoit plus
« les réalités et, tout en désirant de voir se réaliser
« cet avenir meilleur de bonté, gardons la main
« sur la garde de l'épée ! N'oublions jamais que la
« force est le support nécessaire de la liberté et du
« droit ! »

Citons aussi les belles paroles prononcées tout
récemment à Tarbes, en présence des officiers de
la garnison, par M. le général André, ministre de
la guerre :

« Les rapprochements des pays et la paix, nous
« les désirons même plus fermement que les uto-
« pistes parmi les plus utopistes ; mais nous ne
« pouvons pas oublier les menaces cachées derrière
« le moindre des buissons et le plus mince poteau
« de nos frontières. Nous sommes et voulons être
« préparés et, si besoin est, résolus à la guerre.
« La France ne désarmera pas ! »

L'Armée et la politique.

On reproche aussi aux armées permanentes de
compromettre la liberté des nations. Or, depuis
trente-quatre ans, l'armée française est loin d'avoir
fait courir le moindre danger à la République

qu'elle sert avec dévouement. Sa mission est d'assurer l'ordre à l'intérieur, le respect des lois et la défense des frontières.

L'armée, n'étant pas soumise aux fluctuations du moment, ne doit marcher que pour la défense de la patrie, sans que son épée puisse jamais être jetée dans la balance où se pèsent les affaires politiques intérieures. Son parti doit être et ne peut être que celui du gouvernement établi. Elle fera la guerre à ceux qui sapent ses institutions ou la société. Son honneur est de ne s'être jamais élevée contre la volonté de la nation.

« Elle protège tous les intérêts respectables. Ce « qui la guide et la soutient dans l'accomplisse- « ment de sa tâche, c'est le sentiment élevé de « patriotisme, indifférent à la politique, supérieur « à tous les partis![1] »

Son rôle de protection est bien délimité tant à l'extérieur qu'à l'intérieur. En considérant comme adversaires l'étranger et les perturbateurs de l'ordre, elle met en pratique cette belle parole de Jules Simon : « En guerre étrangère, il faut être pour la « patrie; en guerre civile, pour la liberté. Patrie! « Liberté! Il n'y a que cela de grand après Dieu! »

Il importe donc de fortifier notre puissance militaire en rejetant toutes ces propositions de désar-

1. Général Lewal.

mement faites au nom d'une prétendue fraternité des peuples. Les peuples n'entendent pas les paroles humanitaires; ils ne se préoccupent que de leurs intérêts. Entre nations, le sentimentalisme fait absolument défaut.

Une armée solide, instruite, disciplinée et se perfectionnant sans cesse, sera la meilleure protection de toutes les libertés à l'intérieur et l'unique garantie de l'indépendance de notre pays, si elle reste en communauté d'idées avec la nation.

A quoi serviraient les économies tant réclamées si cette indépendance était réalisée? La France, assez riche pour entretenir une bonne armée, doit profiter des rudes leçons du passé et n'oublier jamais l'impuissance des armées improvisées en 1870.

En conservant l'espoir d'une réparation future de nos désastres, elle doit se rendre compte des sacrifices auxquels elle doit consentir et des efforts à tenter pour se trouver à hauteur de sa tâche. Demain, peut-être, pour la défense du sol, pour l'honneur du drapeau, la guerre peut s'imposer à nous comme le plus inéluctable des devoirs!...

Tendances nouvelles de l'armée d'aujourd'hui.

Après avoir montré la nécessité des armées permanentes, nous reconnaîtrons que ces armées modernes, marchant avec le progrès, peuvent avoir des inspirations et des tendances nouvelles. Cela nous amène à dire quelques mots sur l'armée d'aujourd'hui, sur celle de l'avenir.

Citons d'abord la conclusion d'une étude sur l'armée allemande, cette puissante machine militaire si bien organisée, dont tous les rouages fonctionnent d'une façon remarquable sous l'énergique impulsion de l'empereur :

« La discipline coercitive, la transformation de
« la recrue en une sorte d'automate sans pensée et
« sans initiative sont devenues un non-sens.

« Pour mener le civilisé moderne à braver la
« mort et à faire tout son devoir dans le combat,
« il faut autre chose que la menace du conseil de
« guerre ou de la compagnie de discipline. La ra-
« pidité des échanges rompt l'équilibre intérieur
« des nations et leur impose de nouveaux besoins.
« Pour les satisfaire, la lutte économique d'abord,
« à main armée ensuite, devient une inévitable
« nécessité. Les nations riches, au sol convoité,
« doivent se préparer à se défendre.

« Le développement de l'éducation doit leur
« faire comprendre ce que sera dorénavant la base
« essentielle des armées futures.

« C'est la discipline librement consentie, celle
« qui engendre l'esprit de sacrifice et l'héroïsme.
« A une armée pénétrée de ce souffle, toutes les
« audaces seront permises.

« Telles sont les nouvelles tendances de l'armée
« allemande. Mais, sous ce rapport, la France pos-
« sède une avance qu'elle maintiendra si elle le
« veut bien. Son merveilleux soldat, intelligent,
« alerte et dévoué, qui partout suit son chef et
« souvent le devance, possède la véritable aptitude
« aux tactiques futures.

« Le développement de son individualité pro-
« duira dans ses groupements une force redouta-
« ble qu'utiliseront victorieusement les chefs qui
« sauront le comprendre et s'adresser à son
« cœur. »

Ces lignes, publiées, il y a déjà quelque temps,
dans la *Revue des Deux-Mondes*, signées ***, sont
attribuées à un de nos généraux en renom… nous
avons cité le général de Négrier. C'est dire toute
l'importance qui s'y rattache.

De profondes modifications ont été apportées,
en effet, à l'orientation générale de l'armée. Toutes
les classes de la société payant aujourd'hui l'impôt
du sang, le soldat du vingtième siècle ne doit plus
être traité comme le mercenaire d'autrefois. Son
prestige n'en est que rehaussé, puisque c'est par
devoir et non dans une pensée de lucre qu'il
sacrifie à la patrie les *deux* plus belles années de
sa jeunesse.

Éducation morale. — Initiative. — Obéissance passive.

En donnant à nos hommes une forte éducation morale et en faisant appel à leurs sentiments, à leur amour-propre et à leur conscience plutôt qu'à la menace ou aux punitions, nous obtiendrons de meilleurs résultats.

L'initiative, préconisée par tous nos règlements militaires, doit être largement développée, surtout aux degrés inférieurs de l'échelle hiérarchique. Elle nous manqua, en 1870, où le goût de l'action basée sur l'observation et le raisonnement fit complètement défaut.

Une obéissance passive mal interprétée, une foi aveugle qui écartait toute critique et toute raison, et le désir d'être toujours agréable aux chefs, n'aboutirent qu'à l'inertie individuelle. L'obéissance absolument passive est, pour les âmes faibles, un prétexte à tourner le devoir, à fuir les responsabilités.

Le 21 juillet 1808, à Baylen, le général Dupont signa une honteuse capitulation. Il y comprit la division Vedel, qui était hors d'atteinte. Les soldats de Vedel, indignés, protestent contre l'ordre qui leur est transmis par l'ennemi ; mais le général Vedel, « *à force de prêcher l'obéissance pas-*

sive », les ramène à Baylen et les livre aux Espagnols.

Seul, le chef de bataillon de Sainte-Église déclare « qu'il n'a plus d'ordres à recevoir d'un « général prisonnier » et sauve son bataillon, tout ce qui restait de 25,000 hommes, en le ramenant à Madrid.

Napoléon, sur-le-champ, le fit colonel.

Préparation aux fonctions supérieures.

Les gradés doivent être préparés aux fonctions supérieures. On trouva toujours, pendant la guerre de 1870, des officiers subalternes, mais on manqua d'officiers supérieurs ou généraux pour exercer les commandements importants.

Les Chanzy, les Faidherbe, les Jauréguiberry, les Jaurès, les Gougeard, les Crémer, s'ils eussent été plus nombreux, auraient pu changer la face des choses !

Richesse économique de la France.

La lutte économique tend aussi à se substituer aux conflagrations violentes. Il ne se trouvera plus un Bismarck, très probablement, pour perpétrer un crime qu'il n'a osé avouer que vingt ans après, crime qui a détruit l'équilibre de l'Europe.

La guerre de 1870 et les événements qui l'ont suivie nous démontrent la nécessité pour un pays d'être riche et capable d'une production intensive. La richesse économique de la France protège nos frontières, non seulement en lui permettant de mettre sur pied des millions d'hommes, mais encore en détenant une parcelle de la richesse mondiale et en obligeant les autres nations à la soutenir, le cas échéant, sous peine d'une ruine universelle.

Si la France n'avait pas été un foyer de richesse économique, jamais nous n'aurions pu soutenir, en 1870, la guerre en province; jamais nous n'aurions payé les 7 milliards en deux ans; jamais notre relèvement n'eût inspiré des craintes en 1875; jamais nous n'aurions reçu les offres d'alliance des plus puissantes nations; jamais, enfin, nous n'aurions détaché l'Italie de la Triplice. Or, les facteurs de cette richesse économique sont l'agriculture, l'industrie et le commerce. Sans eux, point d'armée, point de marine. Il suffit pour s'en convaincre de regarder l'Espagne.

Liens qui doivent unir l'armée et la nation.

Puisque la longue période de paix dont jouit la France ne nous permet plus de défendre la patrie par des moyens directs, défendons-la surtout par des moyens indirects, nous voulons dire par l'instruction civique qui comporte l'instruction économique.

« Persuadons les recrues qui affluent chaque
« année dans nos casernes que si l'armée est un
« instrument de défense, elle est aussi une école
« pour la nation.

« École qui met le bien-être à la portée des plus
« déshérités de la fortune, qui détruit les préjugés
« et les haines de classes, qui donne aux pauvres
« le moyen de se créer des relations et d'acquérir
« des notions appelées à leur servir ensuite dans
« la vie civile.

« École pratique qui fournira des données pré-
« cieuses à l'agriculteur, à l'industriel, au commer-
« çant, à l'ouvrier, à l'émigrant, formant ainsi
« un lien puissant entre l'armée et la nation,
« lien qui développera notre richesse écono-
« mique [1]. »

A cet effet, des conférences faites par des professeurs civils ou par des officiers ont été instituées en France en 1902, et nous savons qu'au 126ᵉ régiment d'infanterie en particulier, grâce au dévouement du lieutenant de Cardaillac, elles ont déjà produit les meilleurs résultats. Par une circulaire ministérielle récente, M. le général André,

1. Marazzi.

ministre de la guerre, vient de leur donner une nouvelle impulsion.

Remarquons aussi que l'économie politique est enseignée, depuis 1903, dans une de nos grandes écoles militaires[1].

Gagnons le peuple à sa propre cause en lui montrant que l'armée procure du travail à bien des gens et que son improductivité en temps de paix est plus apparente que réelle. Ne réserve-t-on pas en grande partie à l'industrie privée, aux ateliers et aux fabriques la commande de tout ce qui peut être utile à la défense du pays? N'assure-t-on pas ainsi un travail lucratif aux ouvriers?

N'oublions pas le rôle prépondérant joué en 1870 par l'élément civil, par l'industrie privée, qui, seule, pourvut à tous les besoins de l'armée. Cette industrie privée mérite d'être encouragée, car, reconnaissons-le, elle donne de meilleurs résultats que l'industrie militaire en raison de ce facteur vivifiant, la concurrence.

Favorisons aussi l'esprit d'épargne, où sait exceller la femme française, et qui est la base de notre prospérité.

1. École supérieure de guerre.

Devoir social de l'officier.

Soyons pour nos hommes des éducateurs et des conseillers désintéressés ; parlons aux jeunes soldats de la patrie et de leurs devoirs. Faisons connaître l'armée telle qu'elle est ou devrait être et non telle qu'elle apparaît au paysan effaré, afin de déjouer les complots des rêveurs.

Jamais, mieux qu'en ces dernières années, les officiers n'ont pris conscience de leur rôle d'éducateur, du devoir social qu'ils ont à remplir vis-à-vis des jeunes générations, enfants d'hier, soldats d'aujourd'hui, citoyens de demain, que le pays leur confie. Contrairement à ce qui se passe ailleurs, et particulièrement en Allemagne, la caserne devient, au point de vue du développement moral comme à celui de l'entraînement physique, la continuation heureuse de l'école primaire, du cours d'adultes, du collège, du lycée, de la société sportive. La préparation directe à la guerre, but principal de notre enseignement, n'y perd rien ; mais ce qui restait des façons soldatesques, du ton de corps de garde, tend à disparaître et disparaît chaque jour.

Les officiers doivent connaître leurs hommes, retenir leur profession, étudier leur caractère, distinguer les timides et les faibles pour les encourager, relever le moral de ceux qui s'abandonnent, réprimer les brimades, montrer à tous que le commandement est paternel et que la mauvaise volonté et la négligence bien constatées exposent seules aux punitions. Rien n'inspire la confiance et le dévouement comme la sollicitude du chef pour ses subordonnés ; rien n'établit entre eux de liens plus solides.

Ne devons-nous pas être fiers de ce contraste qui existe entre nos méthodes de commandement et les mœurs militaires allemandes, telles qu'elles nous ont été récemment révélées par des procès scandaleux ou par MM. Bilse et Beyerlein dans *Petite Garnison* et dans *Iéna ou Sedan* ?

« En s'aimant les uns les autres, c'est l'union,
« c'est le feu, c'est la force, c'est la patrie vivace
« et indépendante.

« En s'honorant les uns les autres, c'est le res-
« pect mutuel, c'est la grandeur des petits, c'est
« l'universelle élévation de tous les éléments de
« l'armée, chefs et soldats, c'est le vrai secret
« de la dignité individuelle et du bonheur de la
« vie en commun [1]. »

Sollicitude et bienveillance des supérieurs.

Sous l'influence de ce courant d'idées, la plupart des chefs de corps se sont efforcés de donner

[1]. Poillouë de Saint-Mars.

à leurs hommes des preuves matérielles de la sollicitude dont ils les entourent :

Jeux divers installés dans les casernes, bibliothèques pour les soldats, fêtes de bienvenue aux recrues, fête du régiment, phonographes, etc., etc., tout cela n'a d'autre but que de donner de l'attrait au métier militaire en atténuant, dans toute la mesure possible, les ennuis qui lui sont inhérents.

Rappelons, à ce sujet, les circulaires récentes que vient de nous adresser le général Fabre, commandant le 17ᵉ corps d'armée. Ne sont-elles pas empreintes de la plus paternelle des sollicitudes? La dernière, relative aux punitions, n'affirme-t-elle pas cette bienveillance toute particulière que les soldats d'aujourd'hui doivent trouver en leurs chefs? On ne peut que se féliciter de voir appliquer chez nous la loi de sursis (Béranger), qui a produit dans la société, depuis quelques années, des résultats si heureux.

CONCLUSION

L'armée est engagée dans une voie nouvelle, reconnaissons-le. A nous d'y entrer résolument !

Poursuivons l'étude des moyens à réaliser pour donner aux hommes le bien-être, l'hygiène, les distractions, l'enseignement complémentaire destiné à l'attacher à ses chefs, à faire d'eux de vigoureux et alertes soldats, des citoyens meilleurs, gagnés aux idées d'assistance et de mutualité qui peuvent améliorer la société.

Sans abdiquer ses droits imprescriptibles, sans rien oublier de son passé douloureux, la France est restée la grande nation pacifique et généreuse qui, à l'heure de son émancipation, voulait la liberté et la fraternité pour tous. Nous devons, officiers, tenir la main sur la garde de l'épée, sans cependant, peut-être, avoir à la tirer jamais du fourreau !

« Notre but doit être de faire de l'armée un » instrument actif et puissant de l'énergie et de

« la richesse nationales, tout en lui conservant
« son rôle primordial et sacré de gardienne de la
« patrie.

« L'armée doit suivre les transformations de
« l'armement chez les peuples et les évolutions
« des idées dans le domaine des choses de la
« guerre. Rien ne doit être négligé dans l'instruc-
« tion et l'éducation de la masse.

« De même que dans l'industrie le bras de
« l'homme n'intervient plus si ce n'est pour ré-
« gler la machine, la force physique, vaincue par
« la force intellectuelle, se trouve centuplée dé-
« sormais par la mise en jeu, dans les luttes san-
« glantes, de toutes les découvertes de ces der-
« niers temps.

« Les bicyclettes, les automobiles, le télégra-
« graphe avec ou sans fil, le téléphone, les explo-
« sifs nouveaux, les aéronats imposeront de pro-
« fondes modifications à l'organisation des ar-
« mées.

« L'intelligence, l'instruction, le développement
« du réseau ferré, les qualités de l'armement sont
« des éléments d'une importance capitale qui exal-
« tent ou annulent la force du nombre.

« Voilà pourquoi la guerre se trouve être au-
« jourd'hui non seulement une science, mais la
« somme même de toutes les connaissances hu-
« maines.

« Les réformes ou les transformations impo-
« sées par le progrès amèneront peu à peu la
« détente tant désirée dans cet état de paix ar-
« mée où se consume de nos jours l'activité des
« peuples de la vieille Europe. Il est de notre
« devoir de réfléchir et de méditer sur certaines
« questions de la plus haute importance nées de
« la situation politique et sociale actuelle, ques-
« tions auxquelles une réorganisation complète
« de l'armée touche de si près.

« L'esprit de violence règne encore, et la paix
« éternelle apparaît comme une utopie; mais ce
« beau rêve n'est pas irréalisable.

« Aujourd'hui, ce n'est ni la haine ni la faim
« qui poussent les peuples les uns contre les au-
« tres; c'est la soif du bien-être, considéré comme
« la source même du bonheur.

« Mais si la force brutale rétablit l'ordre, elle
« ne peut le conserver par ses propres moyens.
« On peut arrêter l'homme; mais la Pensée, qui
« fait son chemin, finit par triompher.

« Pendant que l'homme s'ingénie à découvrir
« les moyens les plus puissants de destruction,
« l'Idée, plus forte que tout, prépare à l'huma-
« nité des jours meilleurs[1]. »

1. *L'Armée de l'avenir*, par le général député italien
Marazzi.

Souvenons-nous !

Bien que trente-quatre années se soient écoulées depuis les événements de l'année terrible, l'oubli ne peut se faire. Nous conservons toujours aussi vivace le souvenir de ces jours de douleur qui ne furent pas sans gloire.

Souvenons-nous ! Tel sera, en effet, notre dernier mot. « *Pensons-y toujours, mais n'en parlons jamais !* »

C'est en nous souvenant du passé que nous saurons être prêts, s'il le faut, dans l'avenir.

Souvenons-nous, en secondant le développement de notre richesse économique, protégée l'arme au bras, que nous l'aidons dans la mesure de nos moyens.

Souvenons-nous de nos pères morts sur les champs de bataille de Metz ou de Sedan, dans les boues de la Loire ou les neiges de l'Est. Mais souvenons-nous aussi de l'héritage qu'ils nous ont légué !

Souvenons-nous de tant de deuils et de tant d'affronts infligés !

Souvenons-nous, pour le renom et la gloire de la France, pour qu'elle reprenne bientôt sa première place parmi les nations !

Soyons fiers de montrer au monde que la

France, régénérée par le malheur, s'est fortifiée au sein de la liberté, en inspirant à tous ses enfants l'idée du devoir, le sentiment de la discipline et l'amour de la Patrie!

Messieurs, souvenons-nous!!

TABLE DES MATIÈRES

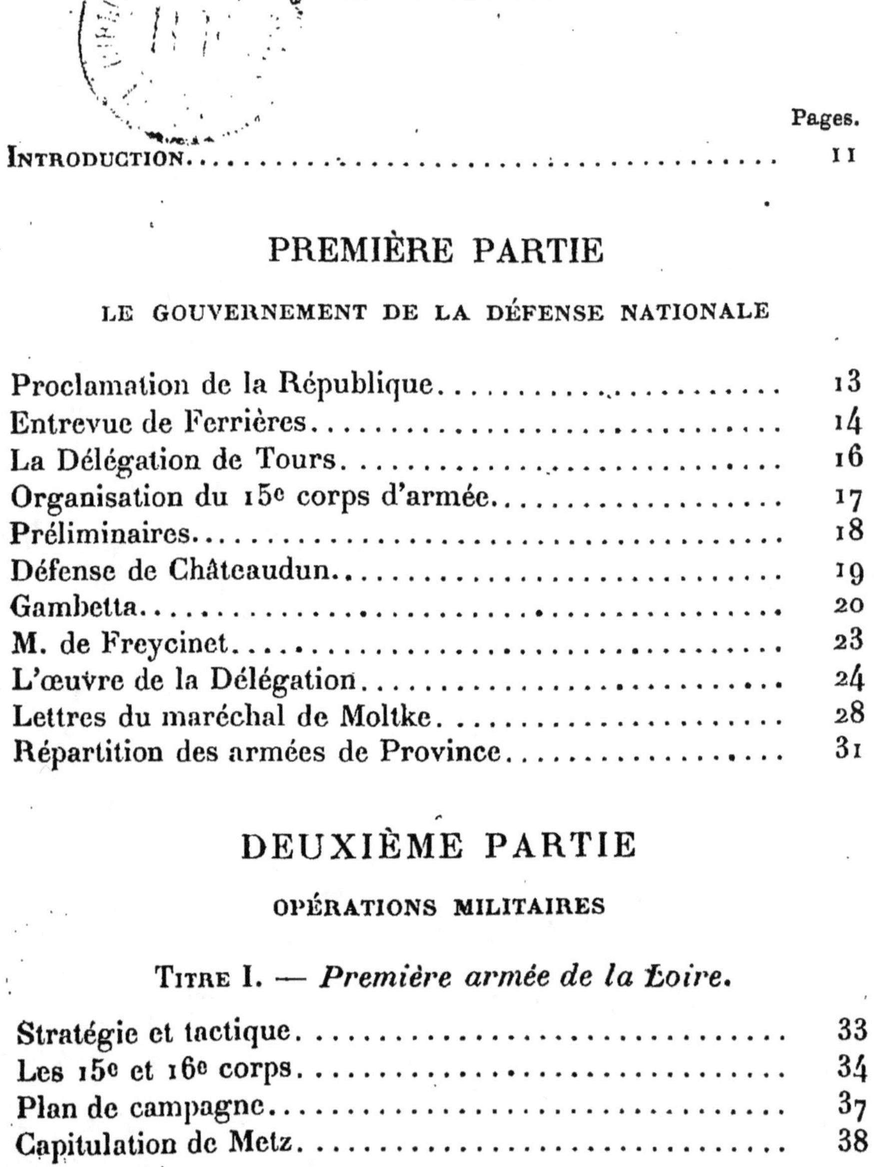

Pages.

Introduction.................................... 11

PREMIÈRE PARTIE

LE GOUVERNEMENT DE LA DÉFENSE NATIONALE

Proclamation de la République....................... 13
Entrevue de Ferrières............................. 14
La Délégation de Tours............................ 16
Organisation du 15e corps d'armée................... 17
Préliminaires.................................... 18
Défense de Châteaudun............................ 19
Gambetta.. 20
M. de Freycinet.................................. 23
L'œuvre de la Délégation.......................... 24
Lettres du maréchal de Moltke..................... 28
Répartition des armées de Province................. 31

DEUXIÈME PARTIE

OPÉRATIONS MILITAIRES

Titre I. — *Première armée de la Loire.*

Stratégie et tactique............................. 33
Les 15e et 16e corps.............................. 34
Plan de campagne................................. 37
Capitulation de Metz.............................. 38

250   TABLE DES MATIÈRES.

Offensive française............................ 39
Bataille de Coulmiers.......................... 43
Fautes commises............................... 47
Remarques sur la bataille...................... 48
Camp retranché d'Orléans...................... 50
Dispositions allemandes après Coulmiers........ 52
Nouvelle offensive française................... 53
Premiers combats.............................. 56
Bataille de Beaune-la-Rolande................. 56
Plan de M. de Freycinet....................... 60
Succès de Villepion........................... 61
Bataille de Loigny............................ 62
Deuxième bataille d'Orléans................... 65
Destitution du général d'Aurelle de Paladines.. 73

TITRE II. — *Deuxième armée de la Loire.*

Le général Chanzy............................. 75
Tactique...................................... 75
Sa première retraite.......................... 79
Constitution de la deuxième armée de la Loire.. 80
Dispositions prises par Frédéric-Charles...... 80
Batailles de Josnes, Villorceau et Beaugency.. 83
Deuxième retraite vers le Loir................ 85
Combats de Morée, de Fréteval et de Vendôme... 88
Troisième retraite vers la Sarthe............. 88
Marche forcée du IXe corps allemand........... 91
Trêve tacite.................................. 93
Plan de M. de Freycinet....................... 94
Marche convergente des Allemands sur Le Mans.. 95
Colonnes mobiles.............................. 96
Bataille du Mans.............................. 98
Le général Gougeard à Auvours................. 103
Quatrième retraite vers la Mayenne............ 109
Dernier effort................................ 110

TITRE III. — *Armée du Nord.*

La résistance en Normandie et dans le Nord.... 112
Premiers combats.............................. 115

L'œuvre des généraux Bourbaki et Farre. 116
Formation du 22ᵉ corps. 118
Offensive du général de Manteuffel. 119
Bataille d'Amiens. 120
Opérations en Normandie. 126
Le général Faidherbe. 128
Nouvelle organisation. 129
Bataille de Pont-Noyelles ou de l'Hallue. 131
Siège de Péronne. 136
Bataille de Bapaume. 136
Capitulation de Péronne. 140
Nouvelle offensive de Faidherbe. 141
Le 18 janvier. 142
Bataille de Saint-Quentin. 143
Retraite des Français. 149

Titre IV. — *Armée de l'Est.*

Opérations du général Cambriels dans les Vosges. 151
Occupation de Dijon par les Prussiens. 155
L'armée de Garibaldi. 156
Le général Crémer. 157
Combat de Nuits. 158
Mission de l'armée de l'Est. 159
Le général Bourbaki. 160
Transport des troupes. 160
Organisation défectueuse. 161
Plan de Bourbaki. 163
Le général de Werder. 164
Combat de Villersexel. 167
Organisation défensive de la Lisaine. 168
Bataille d'Héricourt. 170
Marche du général de Manteuffel. 178
Combat de Pouilly. 179
Épisode du pont de Fontenoy. 180
Retraite des Français. — La déroute. 180
« Directives » du général de Manteuffel. 183
Bourbaki cerné. 186
Retraite sur Pontarlier. 187

Fausse nouvelle d'un armistice...................... 188
Passage de l'armée en Suisse...................... 190
Combat de la Cluse. — Les derniers obus.......... 191
Hospitalité de la Suisse.......................... 193
Reddition de Belfort............................. 194
Hommage aux turcos.............................. 194

TROISIÈME PARTIE

CONSIDÉRATIONS GÉNÉRALES

L'Assemblée nationale de Bordeaux.................. 197
Traité de Francfort............................... 198
Pillages et excès allemands....................... 199
Causes de notre défaite........................... 200
Notre armée avant 1870........................... 202
L'œuvre de relèvement............................ 209
Principes, base de nos règlements................. 211
Les armées improvisées........................... 212
Danger des milices............................... 214
Souvenirs personnels d'un général de 1870.......... 217
Les volontaires de 1792-1793...................... 219
Modifications dans l'art de la guerre.............. 222
Le désarmement.................................. 223
Conflits en perspective........................... 226
L'armée et la politique........................... 229
Tendances nouvelles de l'armée d'aujourd'hui........ 231
Éducation morale. — Initiative. — Obéissance passive.. 234
Préparation aux fonctions supérieures.............. 235
Richesse économique de la France.................. 235
Liens qui doivent unir l'armée et la nation.......... 236
Devoir social de l'officier........................ 239
Sollicitude et bienveillance des supérieurs.......... 240

Conclusion...................................... 243
Souvenons-nous !................................ 246

CARTES D'ENSEMBLE

Première armée de la Loire........................ 35
Deuxième armée de la Loire........................ 77
Armée du Nord.................................... 113
Armée de l'Est................................... 153

PLANS DE BATAILLES

Coulmiers (9 novembre 1870)...................... 41
Beaune-la-Rolande (26 novembre 1870)............. 57
Orléans (3, 4 décembre 1870)..................... 67
Josnes (7, 8, 9, 10 décembre 1870).............. 81
Le Mans (11 janvier 1871)....................... 99
Amiens (27 novembre 1870)....................... 121
Pont-Noyelles (23 décembre 1870)................ 133
Bapaume (3 janvier 1871)........................ 137
Saint-Quentin (19 janvier 1871)................. 145
Villersexel (9 janvier 1871).................... 165
Héricourt ou *la Lisaine* (15, 16 et 17 janvier 1871).... 171

Toulouse, Imp. DOULADOURE-PRIVAT, rue S'-Rome, 39. — 3065